Opbrud i Mellemøsten

OPBRUD I MELLEMØSTEN

Udvalgte artikler

Birthe Hansen

Hard Work - serien nr. 2.
Bestil endelig mange flere på: cjtempora@mail.com

© 2020 – Birthe Hansen og Carsten Jensen
Tekst: Birthe Hansen
Redaktion: Carsten Jensen
Forlag: Books on Demand – Hellerup, Danmark
Fremstilling: Books on Demand – Norderstedt, Tyskland
Bogen er fremstillet efter on-Demand-proces

ISBN 9788743029779

Oversigt:

Forord

Denne bog indeholder en række mindre, formidlende og debatterende artikler, som Birthe Hansen (1960-2020) skrev i 2010'erne, samt en enkelt fra 'nullerne'. Der er desuden medtaget et udvalg af de interviews, hun gav i perioden. Teksterne vedrører alle politiske konflikter i Mellemøsten og/eller USA's rolle heri.

Et udvalg af Birthes forskningsartikler (hun var i små 30 år ansat som forsker og underviser ved Københavns Universitet) fra samme periode bliver samlet i et andet bind. Et bind med 19 udgivelser om terror og terrorisme findes allerede. De omkring tyve artikler om katte, kattebøger og kattens udfordringer, som Birthe skrev til *Kattens Venner* i samme periode, genoptrykkes i løbet af 2021 i en selvstændig bog: *Birthes Bogkattelog*.

Da de tekster, der er valgt til denne bog, ikke er tænkt som egentlige forskningsbidrag med de særlige træk, som denne genre kræver, men som oftest som bidrag til offentligheden, er der heller ikke fulgt forskningsmæssige principper i teksternes formidling her. Teksterne er dog anbragt efter en vis logik, der især er kronologisk. De fortæller tilsammen en kalejdoskopisk og fragmenteret historie inden for en fælles problematik: de mange opbrud, der har kunnet konstateres i Mellemøsten i det årti, der for alvor startede med Det arabiske forår.

De første to tekster skitserer Birthes opfattelse af det internationale system og Det arabiske forår, der på forskellig vis påvirkede hendes tilgang til Mellemøstens sociale forandringer og politiske konflikter. Resten af udgivelserne omhandler specifikke emner, der typisk behandles inden for disse rammer. I alle tilfælde med en konkret anledning. 'Mellemøsten i opbrud', der er fra 2005 og anbragt som bilag, kan læses som en bred problemorienteret indfaldsvinkel til de øvrige. Den indkredser den vifte af krav og forventninger om reformer i Mellemøstens sociale, økonomiske og politiske arrangementer, der var gældende ved 2010'ernes begyndelse.

Artiklerne stammer fra forskellige kilder. Birthe skrev til blandt andet Politiken, Altinget, Berlingske, Samfundsøkonomen, Atlantsammenslutningen, IPmonopolet, Unipolarity.com og Ortadugo Analiz (tyrkisk tidsskrift, titlen betyder sådan noget som 'Mellemøstanalyser').

Bogen er først og fremmest lavet til Birthes familie, venner, kolleger, samarbejdspartnere og tidligere studerende. Forhåbentlig kan andre med interesse for Mellemøsten også finde noget af interesse blandt de mange temaer, der behandles.

Carsten Jensen
København, efterår 2020.

Om unipolariteten (2011)

Debatten om den aktuelle verdensorden blomstrer. Er Kina ved at overtage det hele, er USA på vej ned, og hvor er verden på hen? Nogle, som den belgiske filosof Chantal Mouffe, har argumenteret for, at det vil være bedre med lidt flere stormagter, for så vil USA's indflydelse blive udfordret. Andre, som forfatteren Fareed Zakaria, ser på den faktiske udvikling og mener, at undermineringen af USA's magt er i fuld gang.

Indtil videre er USA imidlertid den eneste supermagt i en unipolær verdensorden. Og derfor kan det være nyttigt at se på både unipolaritetens egenskaber og dens holdbarhed.

Unipolariteten er et 'first'. Vi har ikke i moderne tid levet i en situation med kun én supermagt, som det har været tilfældet siden Sovjetunionen gav op i Den Kolde Krig. Den gang ville nogle ikke erkende det nye, og andre prøvede at italesætte en anden virkelighed: Frankrig og Rusland vægrede sig ved tanken og talte om 'multipolaritet'. USA's lederskab i Golfkrigen 1990-91 gjorde dog situationen åbenlys.

Unipolariteten er imidlertid ikke kun en sjældenhed, men også distinkt. Vi har siden 1989 levet i et behageligt fravær af stormagtskonflikter, kernevåbenkapløbet er blevet afløst af ikke-spredningsbestræbelser, og økonomisk udfoldelse og demokrati har fået masser af plads, fordi der ikke er hindringer på vejen. Enesupermagten fylder imidlertid meget. Det er den, man skal have fat på, hvis man for alvor er i knibe, og det er også den, der kan være mest på tværs. Heldigvis har den et politisk projekt, der er til gavn for de fleste. Demokratisering, f.eks., er nu ved at komme selv til den arabiske verden.

Imidlertid lurer bekvemmelighedsfælden. Den unipolære verdensorden er bekvem for de fleste, men den rummer også en række udfordringer. Når der ikke er stormagtsbalancering i klassisk forstand, flytter konkurrencen sig til andre områder, især det økonomiske. En række store lande – de såkaldte BRIK-lande – har i mange år haft høje vækstrater og haler tilsyneladende ind på Vesten. I Danmark diskuterer vi efterløn og bruger den politiske dagsorden herpå. BRIK-landene øger produktiviteten, arbejder hårdt og udvikler sig i mellemtiden. Hvis man vil bevare sit forspring, skal der både hænges i, prioriteres og forandres. I USA er præsident Obamas regering f.eks. begyndt at investere med sundhedsreform, bankregulering og andre tiltag. USA har ikke råd til, at en stor del af talentmassen går til spilde eller til, at for meget nationalt guld spekuleres bort. Før dette investerede George Bush i at iværksætte reformer i Mellemøsten. Hvis den negative udvikling i regionen var fortsat, ville konsekvenserne formentlig være blevet værre end Irak-krigen.

Man skal ikke undervurdere USA. Selv om det ser ud til, at USA's relative magt er på vej ned, er der både potentiale i USA og forhindringer for de fremadstormende BRIK-lande. Som enesupermagt skal USA ikke balancere en rivaliserende supermagt, men sig selv. Det betyder, at USA nogle gange kan været meget aktiv internationalt, og i andre perioder søge indad og opbygge sine ressourcer. Som regel vil det være ydre ting, der trækker USA frem på banen – som Iraks invasion af Kuwait i 1990. I sådanne tilfælde må lederen vise flaget. I andre perioder, som i en stor del af Clinton-årene, gælder det så om at nedbringe underskud og iværksætte fornyelse.

BRIK-landene, ikke mindst Kina, kan nyde godt af de rolige, internationale rammer. Da de alligevel ikke kan udfordre USA, kan de lige så godt bruge tiden på at styrke sig selv. Så kommer deres tid måske, især hvis de lader USA bruge ressourcer på at rydde op og løse problemer i verdenspolitikken imens. De risikerer imidlertid at ramme politiske mure. For det første, fordi de hidtil har imiteret USA, hvilket er billigt, fordi USA har båret udviklingsomkostningerne. Det bliver dyrere, hvis de vil i overhalingssporet – så skal der for alvor innoveres. For det andet, fordi moderniseringsprocesser skaber problemer for den politiske sammenhængskraft, og fordi f.eks. Kina ikke har formået at lade den økonomiske fremgang følge af politisk udvikling eller social lighed. For det tredje, fordi større international indflydelse også kræver ressourcer. Kina har som oftest ladet USA tage slæbet og kørt friløb. Det kan Kina ikke blive ved med.

På trods af de økonomiske problemer, og selv om forspringet er blevet lidt mindre, er styrkeforholdene stadig i USA's favør. Men det er indlysende, at Vesten skal gøre sig umage. Bekvemmelighedsfælden er dyb.

Verdensordener varer ikke evigt. Forskeren Peter Toft har peget på, at hvis der er en lovmæssighed i international politik, så er det, at verdensordener forgår. Toft har vist, at de kommende styrkeforhold er afgørende for, hvor smertefrit en forandring foregår. Jo færre udfordrere, desto relativt lettere går overgangen. Den amerikanske historiker Niall Ferguson har gjort opmærksom på, at de store forandringer ofte foregår meget hurtigt. F.eks. tog det ikke lang tid, fra kolossen Sovjetunionen begyndte at give sig, til den endte med at falde fra hinanden. Og mange har peget på, at der for tiden er en magtspredning i gang, hvilket kan give en ny form for overgang. Overgangen er dog ikke ubetinget på trapperne.

Under alle omstændigheder kan det betale sig at nyde den aktuelle unipolaritet, mens vi har den. Dels er en situation med kun én supermagt fredelig for de fleste på grund af fraværet af stormagtskonflikter, forviklinger og alliance-rod. Chantal Mouffes tanker om multipolaritet ligner et mareridt: tænk på alle stormagtskonflikterne... Dels er den amerikanske verdensorden vel den bedste til dato. Den er ikke perfekt, men demokrati og marked har hidtil vist sig at være de bedste modeller, når man måler i forhold til menneskelig frihed og lighed, økonomisk fremgang og fred. Det er klart, at nogle alligevel kæmper voldsomt imod, fordi de nødig vil miste privilegier, position eller udsætte sig selv for hævn for deres ugerninger. Saddam Hussein, Osama bin Laden, Bashar al-Asad og Muammar Ghadafi er indlysende eksempler. Deres fald fra tinderne markerer en 'normalisering' til det nye.

Der er ingen grund til at være defaitistisk. Unipolariteten er robust i den forstand, at der ikke er rivaliserende supermagter. Til gengæld er den ikke nødvendigvis varig, da styrkeforholdene kan ændre sig – hvis USA (og dermed dets venner) taber terræn, og opstigende magter for alvor vinder frem. Udviklingen af styrkeforholdene kan man imidlertid selv påvirke. Fra dansk side, hvor vi i høj grad har nydt godt af den aktuelle verdensorden, kan vi for det første bidrage ved at styrke os selv og nedsætte vores sårbarhed, hvilket kræver hårdt arbejde og innovation. For det andet ved at satse på gode og krævende internationale spilleregler, hvilket vi allerede gør. For det tredje ved at satse såvel på USA's lederskab, hvilket vi også allerede gør, som på det andet ben i EU, hvilket kun på nogle områder har været til-fældet.

Tiden skal udnyttes. Hvis man tænker lidt større end slagsmål om efterlønnen, er der dermed meget, der skal nås, mens tid er: udviklingen af en langsigtet real-politik for den internationale håndtering af de store autokratier med høje vækstrater, en mindre hæmmet EU-politik, en bedre konkurrence-egnethed, og så undervejs det, som den aktuelle verdensorden lægger op til: at tage demokratisering i bredden til nye højder.

Den arabiske klimaforandring. Interview med Birthe Hansen. (2012)

Efter 2011 er betingelserne for arabisk politik forandret så meget, at det er for lidt at tale om 'forår', mener den tidligere leder af Den Arabiske Liga, Amr Moussa. Man må snarere tale om en egentlig 'klimaforandring' og diskutere den arabiske verdens fremtid på denne baggrund

I ugen op til påske var det libanesiske forsvars forskningsenhed vært for en konference om de aktuelle politiske forandringer i Mellemøsten. Der var inviteret forskere fra den arabiske verden, der skulle være med til at belyse forandringerne efter Ben Alis, Mubaraks og Gaddafis fald.

Desuden deltog også repræsentanter fra Tyrkiet og Iran, en repræsentant fra NATO, samt to danskere, Bertel Heurlin og Birthe Hansen.

Her giver Birthe Hansen, der er lektor på Statskundskab og pt. gæsteforsker på Forsvarsakademiet, sin vurdering af Den Arabiske Ligas rolle, der var et centralt tema i diskussionen af det nye Mellemøsten på det libanesiske forsvars (LAF) konference i Beirut.

Hvilken dagsorden havde det libanesiske forsvar med konferencen?

Libanon er et af de lande, der er mindst berørt internt af det arabiske forår. Alle bliver dog i hvert fald indirekte berørt af forandringerne, og derfor er det også klogt af libaneserne at samle erfaringer med, hvordan de andre i regionen tænker. Derudover kan Libanon risikere at blive blandt dem, der bliver mest påvirket af de ydre reaktioner.

Libanon står for det første overfor at skulle forholde sig til nye flygtninge fra nabolandet Syrien og til internt at skulle forholde sig til den interne syriske konflikt.[1] For det andet kan Assad-styrets problemer hurtigt blive til nye udfordringer for Libanon. Sydlibanon er nærmest overtaget af Hizbollah-bevægelsen, der har været allieret med syrerne. Hvis der kommer en ny regering til i Syrien, der ikke vil støtte Hizbollah, vil denne bevægelse blive svækket, og så står hele Libanon i en ny situation med nye muligheder og sikkerhedsudfordringer. I en overgang vil Hizbollah måske agere aggressivt for at vise, at bevægelsen stadig på banen og på den måde kompensere for, at den ikke mere har så stor indflydelse, efterhånden det gamle Syrien forsvinder, og regionen skifter

---

[1] Interviewet blev lavet i den periode, hvor den demokratiske opstand i Syrien var under udvikling, men før konflikten havde udviklet sig til en egentlig borgerkrig.

dagsorden. Den har allerede oplevet en mindre interesse, fordi unge ser den som en del af det gamle Mellemøsten, mens ledere som Erdogan i Tyrkiet presser på for reformer i Syrien, der både giver islam og demokratiet en større rolle. Det vil for det tredje betyde forandringer i forhold til Israel, der netop har været meget optaget af Hizbollahs aktiviteter. Alt i alt kan det arabiske forårs resultater hurtigt undergrave de fundamenter, som libanesisk politik hidtil har hvilet på.

Hvilke temaer havde LAF sat fokus på?

Der var fire temaer. For det *første* blev der diskuteret islamisme. Spørgsmålet var, hvad det vil betyde at islamistiske partier ny tilsyneladende får meget meget mere direkte indflydelse på de mellemøstlige stater. Det var meget modigt af arrangørerne at tackle dette tema så direkte, for det har været belagt med en slags tabu at diskutere disse potentielle forandringer i officielle arabiske fora. Man skal huske, at de gamle regimer helst ville tie den politiske islamisme ihjel. Det blev der i ikke gjort på konferencen; der blev taget hul på temaet i en åben debat.

For det *andet* blev de potentielle sikkerhedspolitiske implikationer af forandringerne diskuteret. Det blev konkluderet, at den demokratiske kultur i den arabiske verden stadig er svag, og at det arabiske forår har været dyrt for de berørte lande – der blev nævnt behov for bistand som i Marshall-planen. Det blev også fremhævet, at trods den tyrkiske models succes, vil den næppe kunne overføres til arabiske lande, der i stedet må finde deres egen vej. Endelig blev en række temaer som Irans atomprogram, det palæstinensiske spørgsmål og en nye magtbalance diskuteret.

For det *tredje* blev det arabiske forår og den interne politiske situation i Libanon sat til debat. Det særlige politiske system i Libanon, hvor de forskellige religiøse grupper på forhånd er garanteret et antal pladser i parlamentet, og særlige poster, hvor de kristne er garanteret præsidentposten og muslimer har premierministerposten, blev diskuteret. Det blev også diskuteret om dette kunne være en model for andre landes måde at fordele magten på under en demokratisering. Burde mindretal på forhånd beskyttes med særlige repræsentationer og poster?

Sidste år havde der været stemning for at 'pensionere' det libanesiske system, men i år var der ikke opbakning til det. Der er sikkert tale om, at usikkerheden nu har bredt sig så meget at libaneserne ikke ønsker at rokke båden. De forskellige grupper ved hvad de har, men ikke hvad de eventuelt vil få. Heller ikke Hizbollah ønsker at udfordre skæbnen, for hvad hvis den skulle opleve, at udviklingen havde tydeligt gjort dens svækkelse og gjort den overflødige i større befolkningsgruppers øjne?

Den arabiske ligas skæbne var også til debat. Dette *fjerde* tema var også vigtigt, for ligaen har været igennem en dramatisk udvikling i det seneste års tid. Den har for første gang blandet sig i medlemsstaters indre forhold og den har samlet opfordret til intervention (i Libyen, selvom om den efterfølgende tog forbehold for formen for intervention), samt været meget aktiv i forhold til opgøret i Syrien.

I dag står ligaen overfor en række nye udfordringer, der udspringer af de forandringer, der skete i regionen i 2011. Den skal finde ud af om dens hovedtema fortsat skal være forholdet til Israel, eller om den skal udvikle nye temaer, der skal retfærdiggøre dens eksistens. Lidt anderledes udtrykt: skal den udtrykke arabisk identitet som defineret af forholdet til Israel, eller skal den udvikle 'postmoderne' træk, og blive et krydspunkt for forskellige identiteter og holdninger?

Hvad er de mere præcise grunde til at den arabiske liga skal udvikle en ny tilgang?

For det første er der kommet en del nye ledere til. Mubarak, Ben Ali og Gaddafi er væk, og dermed en generation af politiske ledere i Egypten, der havde rødder i den kolde krig og dennes særlige udfordringer. Vi ved endnu ikke, hvordan det vil gå fremover i fx Egypten, men landet vil aldrig helt blive det samme, og under alle omstændigheder vil de nye ledere skulle udvikle deres egne dagsordner.

For det andet skal ligaen tilpasse sig den generelle uro i regionen. Hidtil har den via sin rolle i FN stået for ikke-indblanding i de enkelte medlemsstaters indre forhold, men dette forbehold er reelt opgivet. Ligaen blandede sig i forbindelse med opstanden i Libyen, hvor organisationen krævede intervention og nogle deltog i selve angrebene, og igen i forbindelse med overgrebene i Syrien. Man kan indvende, at der jo også var arabisk deltagelse i forbindelse med Irak-krigen i 1991, men det handlede netop om det eksterne forhold (at få Irak ud af Kuwait), mens man lod Saddam blive siddende.

Tilfældet Syrien har i hvert fald vist, at den nye linje foreløbigt har bidt sig fast: ligaen har sendt observatører ind i Syrien, hvilket tidligere havde været en utænkelig indblanding. Under alle omstændigheder er spørgsmålet nu, hvad der skal komme bagefter. Hvordan vil de nye mere aktive erfaringer blive omsat til principper i de kommende år? Skal initiativer til intern indblanding via FN's Sikkerhedsråd og egen aktive indblanding i nabostater være normen?

I forhold til ligaens nye politik og tyngdepunkt angår, lagde Amr Moussa i sin tale vægt på, at ligaen har behov for et nyt strategisk center og nyt lederskab, der skal håndtere tilpasningen til det 'nye arabiske klima'. Han mente ikke overraskende, at Egypten vil kunne levere begge varer, men kom ikke nærmere ind på hvordan. Spørgsmålet var også, om han måske mere talte med udgangspunkt i valgkampen om præsidentposten i Egypten end om et konkret forslag til Den Arabiske Liga.

Sammenfattende kan man sige, at konferencen viste, at der er kommet to nye temaer på den arabiske dagsorden: spørgsmålene om demokrati og om intervention. Med hensyn til demokrati, var det endnu ikke et tema under forrige konference i samme regi, selvom også den blev holdt i opbruddets tegn. Min egen erfaring fra tilsvarende konferencer i fx 'EuroMeSCo'-regi[2] har været, at demokrati ikke var noget man officielt talte om. Spørgsmålet blev fejet ind under et tema, der hed 'reform', og derefter afsværget med henvisning til, at hvert land måtte finde sin egen vej uden at kopiere 'Vesten'. Denne gang blev ordet demokrati inddraget i forhold til stort set alle temaer. Det er stadig uklart, hvad der menes med 'demokrati', men ordet har fået sin egen tilstedeværelse i den arabiske debat. 'Intervention' er det andet nye dagsordenspunkt, men her skilles vandene. Nogle

---

[2]EuroMeSCo (Euro-Mediterranean Study Commision)

taler for, at det skal være en norm i særlige tilfæl-
de. Andre mener, at man lige netop nu har haft
nok interventioner, og at man bør stoppe her.

*Kan vi vende tilbage til Amr Moussa? Han talte om
et behov for 'et nyt strategisk center', men står vel
selv som en repræsentant for 'den gamle orden'.
Kan man bruge hans rolle som en indikator på,
hvor udbredt kravene om fornyelse er? Så man ham
stadig som et bud på arabisk lederskab, eller havde
også han mistet noget af glansen?*

Moussa er stadig en man lytter til. Han var klart
konferencens giraf, der skulle definere og samle
temaerne, og hans indlæg blev mødt med bifald.
Han havde også et lille følge af hjælpere og sik-
kerhedsfolk, der fulgte med, hvor han gik og stod.
Så på den måde var han nærværende som politisk
leder, som ét bud på 'Mr. Arab World'. Men ingen
kan i dag repræsentere alt det nye. Det kan ikke
samles i en enkelt strømning og repræsenteres i
en enkelt lederfigur.

*Er en mand som Amr Moussa så også blevet udfor-
dret af det arabisk forår?*

Ja, på flere måder. De politiske linjer blandt de
arabiske stater er ikke så klare som tidligere. Man
kan ikke forudsige alle landenes holdninger i en

situation, hvor nogle tilpasser sig til nye ledere, og andre (dem der hidtil ikke selv er ramt af indre reform) skal tilpasse sig de linjer, de nye ledere kommer til at lægge. Der vil komme en periode med politisk labile forhold, og det er noget nyt i forhold til Moussas storhedstid.

Derudover bliver magtforholdene i Den Arabiske Liga ændrede. De nye ledere vil måske indgå nye alliancer, og ingen kan i dag forudsige, hvordan disse vil forme sig. Et land som Syrien var fx tidligere et kerneland, men dets stilling vil under alle omstændigheder være svækket, og det er endnu uklart, hvem der vil tage dets plads.

Endelig er der hele spørgsmålet om 'den arabiske verden'. Vil der stadig findes sådan en om ti, femten år? Under en eventuel fortløbende demokratiseringsproces vil der åbne sig nye muligheder for landene, og der er ingen der siger, at de bedste muligheder og tilbud kommer fra arabiske lande. Det er sandsynligt, at nogle af de Nordafrikanske lande vil se større perspektiv i at knytte sig nærmere til EU end til Den Arabiske Liga. Så hvad angår politisk indhold, magtforhold og ydre orientering er fremtiden meget åben og meget anderledes i dag, end da de nuværende ledere i Ligaen gjorde sig deres politiske erfaringer og udviklede deres profil.

Den vigtigste fornyelse er, at der er kommet en ny aktør på scenen: befolkningerne skal nu også spille en rolle, ikke kun eliterne.

Hvem lytter til Den Arabiske Liga i dag?

Den har stadig en rolle at spille i FN. Den har været med til at legitimere forskellige former for demokratifremme inden for det sidste års tid med politikken i forhold til Libyen og Syrien. Men i regionen er ligaen ikke den aktør, man lytter mest til. Amr Moussa roste således Libanon for at være et land, der fulgte ligaens anbefalinger. Underforstået: det bør i hvert fremmes som et godt eksempel, for det gør de andre ikke. På den måde fremstår Ligaen stadig som en synlig organisation, men også som en organisation, der ofte har mest symbolsk betydning. Man lytter, men handler derefter egenrådigt.

Oversat til europæiske forhold taler vi mere 'Nordisk råd' end 'EU'. Det gør en stor forskel, at i EU forventer befolkningerne trods alt resultater af EU, men det gør man ikke i Den Arabiske Ligas medlemslande, og man har heller ikke indflydelse på ledernes ageren i samme grad som de europæiske befolkninger.

Hvordan ser du så fremtiden for Den Arabiske Liga på disse delvist fornyede præmisser?

Der er en vis sandsynlighed for, at den vil miste betydning. Den smager lidt af 'pan-arabisme', altså arabisk nationalisme på tværs af grænserne, og denne har mistet betydning siden den kolde krigs slutning. De enkelte stater vil formodentlig begynde at se fremad og søge nye former for samarbejde.

Den vil også blive forandret gennem at stille krav til medlemslandene vedrørende demokratisering og flere rettigheder til borgerne. Hermed er der måske en ny base for fortsat indflydelse.

Kan man tale om en parallel til NATOs tilpasning til ny verdensorden?

Der vil også komme nogle sikkerhedspolitiske forandringer, hvor man måske vil se på Iran med nye øjne. En amerikansk synsvinkel vil formentlig brede sig, hvis Iran søger øget indflydelse gennem militær styrke. De arabiske lande er bange for Iran. De ser imidlertid ikke til hinanden, når de ser efter hjælp, men til USA. Syrien er på vej ned, og det vil give nye muligheder til andre. Saudi-Arabien vil få indflydelse. I dag bliver det beundret for sine mange penge – og bagtalt på grund af samme. Egypten er kommet i gang med en demokratisering og vil sikkert komme igen på den in-

ternationale scene, men landet er blevet svækket
økonomisk under overgangsprocessen, og skal
have tid til omstillingen. Tilsammen sætter disse
forhold nye rammer for Den Arabiske Ligas virke,
som det dog er for tidligt at give en samlet vurde-
ring af: ligaen har foretaget et dramatisk politik-
skifte ved at blande sig i medlemsstaternes inter-
ne forhold, men dens fremtid som regional orga-
nisation er usikker.

Ja til en palæstinensisk stat, nej til resolutionen (2011)

I denne uge søger palæstinensere at få vedtaget en resolution i FN's generalforsamling, der kan gøre dem til *'non-member observer state'* lige som Vatikanet. I flere sammenhænge er støtte til resolutionen blevet fremstillet som 'støtte til en palæstinensisk stat' (fx leder i *Politiken* 19/9: 'Danmark må støtte en palæstinensisk stat'). Dette er imidlertid allerede dansk politik. Præsident Bush forpligtede sig også på en palæstinensisk stat, og selv Benyamin Netanyahu har gjort det. Optionen foreslå allerede i september 1993, hvor den såkaldte *Declaration of Principles* blev indgået mellem Israel og PLO. Endelig er der ifølge BBC også global folkelig opbakning til, at palæstinenserne får en stat (http://www.bbc.co.uk/news/world-middle-east-14946179).

Til al denne velvilje kan føjes, at få formentlig er i tvivl om, at den palæstinensiske civilbefolkning trænger til fred, ro og fremgang. Problemet er, at disse behov næppe indfries ved at føre symbolpolitik i FN's generalforsamling og få jublende støtte fra verdens resterende diktatorer.

At rejse spørgsmål om 'Palæstina' eller kritik af Israel har i årevis været en disciplin i FN's generalforsamling. Mange autoritære statsledere som

Muammar Gaddafi har gennem tiden brugt disciplinen til at vinde billige point på hjemmefronten, aflede opmærksomhed og fremstå som en stor leder i den arabiske verden.

I denne tid er der store opgør i gang i den arabiske verden. Siden januar er liberal-demokratiske kræfter kommet op til overfladen, unge har krævet nye tider, og det egyptiske og det tunesiske militær står og skal forholde sig til en opbrudssituation. Det ville være et sært signal at sende til parterne i de arabiske omstillingsprocesser, at de kan opføre sig som Hamas og alligevel få, hvad de gerne vil have, hvis man vil bidrage til, at de finder den rette vej.

Hvis resolutionen går igennem, har man givet yderligere rettigheder til et Hamas-ledet selvstyre (selv om palæstinenserne er delt). Hamas er den store forhindring for en rigtig statsdannelse: de centrale internationale aktører er parate til en anerkendelse på baggrund af forhandling, men Hamas har hidtil nægtet de to afgørende ting, der kunne bane vej for en indfrielse: at anerkende Israels ret til at eksistere, og at frasige sig brugen af terrorisme. Hertil kommer, at Hamas ødelagde det spirende palæstinensiske demokrati ved sin voldskampagne i 2007, hvor man udrensede politiske modstandere, myrdede, voldtog, og ødelagde bygninger og infrastruktur.

Man kunne læse i et *DIIS Policy Brief* (september 2011), at demokratiet i Palæstina har det svært "på grund af det internationale samfunds indblanding og manglende støtte til demokratisk valgte repræsentanter" (p. 4). Hamas's voldskampagne nævnes ikke. I samme tekst anbefales en dansk stemme til resolutionen og en lang række andre tiltag. Der står dog ikke noget om, at Danmark bør arbejde for, at Hamas ændrer politik. Det kunne ellers give støtte fra betydningsfulde internationale aktører, forbedrede forhold til palæstinenserne og en chance til Israel. Greb Israel ikke en sådan chance, ville det internationale samfund være i sin gode ret til at presse på; bolden ville være på Israels banehalvdel.

Udover, at en dansk støtte til resolutionen sender et underligt signal til demokrater i den arabiske verden, og at den præmierer Hamas' udemokratiske og voldelige politik, er der mindst tre andre problemer.

For det første, at resolutionen risikerer at bringe sindene i kog både blandt palæstinenserne, der som bekendt ikke er enige, og blandt israelerne, som vil føle sig presset. For det andet at palæstinensiske statsløse i den arabiske verden – og andre steder – vil miste rettigheder. For det tredje, at Oslo-processen erklæres for død, da den bygger på forhandling, uden, at der sættes noget i stedet.

Ingen af delene synes optimale for de direkte berørte parter. Den israelske fredsfløj og moderate palæstinensere, der har satset på Oslo-processen, vil få det meget svært. Omverdenen, og her tænkes på USA og Europa, har brug for at koncentrere sig om efterdønningerne af det arabiske forår, og uro under denne reformproces synes ikke befordrende.

Endelig er det værd at tænke på, hvad der hidtil har bragt fremskridt i den israelsk-palæstinensiske fredsproces. Det største fremskridt kom i 1993-94, da palæstinenserne var dybt svækkede. Der eksisterer en udbredt forestilling om, at da Israel er den stærkeste, vil det hjælpe at støtte palæstinenserne. Hidtil har det vist sig, at *relative* svækkelser af palæstinenserne, har ført til fremskridt i fredsforhandlingerne.

Det hjælper ikke naturligvis ikke de civile palæstinenserne, der føler udsigtsløshed og frustration, og nogle gange slår 'hidtil' ikke til. Men erfaringen er værd at tage med i billedet, hvis man gerne vil have fred. Og så at håbe på, at det arabiske forår også vil få effekt i selvstyreområderne. Der har allerede været tegn i form af, at den palæstinensiske leder, Marwan Bargouti, har opfordret til *fredelige* demonstrationer i forbindelse med resolutions-behandlingen. Dette ville vise en palæstinensisk strategi à la intifadaen i 1987-8, der ville være fremadrettet, og som kunne overtrumfe Hamas' voldsstrategi.

EU har givet stor økonomisk og politisk støtte til palæstinenserne, men medlemslandene er splittede i forhold til resolutionen. Tony Blair, der er kvartettens særlige udsending i forhold til fredsprocessen, har prøvet energisk at få parterne til at genoptage direkte forhandlinger frem for at ty til unilaterale skridt som FN-resolutionen. Kvartetten har dels haft et hensyn at tage til fredsprocessen, hvor ønsket har været, at den holdt sig inden for Oslo-rammerne, at parterne handler så lidt unilateralt som muligt, og at reelle forhandlinger kommer i gang igen. Dels har der været et hensyn i forhold til at fastholde et så samlet internationalt pres på parterne som muligt – for derved at fremme en forhandlingsløsning.

Hollywood og Iran (2012)

FILMSAMTALE - »Det er interessant at en amerikansk Iran-film får premiere i en tid, hvor forholdet mellem disse to lande er så anspændt«, siger lektor i statskundskab og ekspert i både sikkerhedsstrategier og Mellemøsten, Birthe Hansen om filmen *Operation Argo*.

Af Line Norman Hjorth

Baseret på virkelige hændelser fortæller Operation Argo om en hemmelig evakueringsaktion af seks amerikanere, som rømmer fra gidseltagningen på den amerikanske ambassade under revolutionens opstart i Teheran i 1979 og søger tilflugt hos den canadiske ambassadør. For at redde amerikanerne ud af landet inden de iranske oprørere opdager at der mangler seks ansatte fra ambassaden, iværksætter CIA en redningsaktion, strikker en cover-historie sammen om at diplomaterne er på filmoptagelse for Hollywood, og får dem manøvreret hjem under dække af, at være et canadisk filmhold.

Underholdningspotentiale

Birthe Hansen synes, at filmen er interessant fordi den viser, hvordan den type operationer fungerer i praksis:

»Det er selvfølgelig ikke skildret præcis som det foregik i virkeligheden, men filmen giver et rimeligt billede af, hvordan den slags aktioner kan forløbe – tilsat en hel del underholdning, selvfølgelig,« siger lektoren. Og det umiddelbare indtryk er, at filmen udnytter historiens spændingspotentiale til fulde med sin taknemmelige fortælling, der indeholder både absurde og samtidig helt reelle omstændigheder.

God timing

Lektoren synes også, at filmen kommer på et interessant tidspunkt: »Det er bemærkelsesværdigt at en amerikansk Iran-film får premiere i en tid, hvor forholdet mellem de to lande er så anspændt. I det perspektiv er det spændende at lægge mærke til, hvordan Iran portrætteres,« siger Birthe Hansen.

At de iranske oprørere skildres som nogle, der er nemme at narre, bliver, ifølge Birthe Hansen, et

34

afsæt til megen af filmens komik: »Der er en anelse Indiana Jones over filmen. Den spiller sine humoristiske kort på, at publikum skal more sig over iranernes fadæser. Men den tilgang til iranernes fremtræden må have været ambivalent, taget i betragtning af, at historien mellem nationerne stadig er så traumatiseret,« tilføjer hun.

Amerikansk selvkritik

Birthe Hansen synes dog også, at filmen fremstiller oprørets historik og iranernes frustration med et selvkritisk blik på amerikanernes ageren: »Indledningsvis giver filmen et kort rids af den historiske baggrund for optøjerne i Teheran og borgernes utilfredshed med styret samt deres aggression imod amerikanerne. Jeg synes de rammer den historiske kontekst ind på flot formmæssig vis, men jeg savner nogle væsentlige nuancer i hændelsesforløbet,« siger lektoren og fortsætter: »Filmen tillægger fx amerikanerne det ubetingede ansvar for iranernes problemer under shahens styre. Men da amerikanere og briter i 1953 væltede den siddende, demokratisk valgte regering og i stedet indsatte den USA-venlige shah, var det også i lyset af den kolde krig, der spidsede til, og ulmende uro indadtil i den iranske befolkning,« fortæller hun.

Evakueringsaktionen som foregik under dække af at diplomaterne var et filmhold på udkig efter locations, er en fantastisk og formentlig usædvanlig operation rent efterretningsmæssigt, i følge Birthe Hansen: »Evakueringssituationen og det sikkerhedspolitiske system som sådan, siger noget overordnet om, hvordan USA passer på sine diplomater og satser på at få dem ud, når de kommer i knibe. Man efterlader ikke seks diplomater i en farlig situation, hvis man kan gøre noget for at få dem ud – om det så indebærer at ty til kreative og alternative metoder,« siger lektoren.

Hun mener også, at CIA bliver promoveret i filmen, der hylder organisationens handlekraft og evne til at tænke ud af boksen: »Det falder sammen med at CIA's omdømme faktisk var lidt ramt de seneste år, fordi Bush-regeringen foretog hårde konklusioner på baggrund af deres materiale. Dengang var det politikerne, der overtrumfede CIA, i denne film er det CIA, der overtrumfer politikerne. Sådan set fungerer historien og filmen som en slags rehabilitering af efterretningstjenesten.«

Deres udsendte har altid undret sig over, med hvilken hastighed beslutninger kan føres ud i livet i politiske spændingsfilm, og denne film er ingen undtagelse. I det ene øjeblik tastes noget på en computer i USA, i det næste printes flybilletter i Teheran.

Dette er selvfølgelig en præmis for enhver action-film, men har det også noget på sig i den hemmelige, men ikke desto mindre virkelige, efterretningsverdenen, spørger jeg Birthe Hansen. »Man kan handle hurtigt, og amerikanerne er dem, der er dygtigst til det. De har mange veluddannede mennesker hjemme og ude med den bedste teknik tilgængelig. Det er ikke kun på grund af sin militære status, at USA er en supermagt. Det er også fordi de har så mange andre instrumenter at spille på, blandt andet et meget dygtigt udenrigsministerium med gode forbindelser ud i verden.«

Så der er noget særlig amerikansk ved den specielle evakueringsaktion, fordi den kræver denne form for hurtig handlen, som ikke alle lande er i stand til at levere.

Birthe Hansen er begejstret for Operation Argo, men samtidig lidt forbeholden: »Jeg har set endnu bedre politiske spændingsfilm. Det handler nok om, at udfaldet er kendt. I mine øjne er det gode ved filmen, at den på en underholdende måde fortæller en reel historie om, hvordan man på anderledes vis kan gennemføre udfordrende operationer,« siger hun og tilføjer: »Ingen større moralske eller etiske spørgsmål behandles undervejs. Det kunne have været interessant, men det er formentlig en helt anden film.«

Til gengæld fokuserer filmen på det faktiske hændelsesforløb og tilfører det ellers så gravalvorlige scenarie et befriende humoristisk islæt ved at gøre grin med den 'varme luft' i Hollywood, hvis aktører man kan bluffe lige så vel som – eller endnu mere end – de iranske oprørere.

Fabelagtigt håndværk.

Operation Argo er en ekstremt velturneret film. Den udfylder sin genre på klassisk vis ved at lade effektiv krydsklipning dyrke spændingsmomenterne i hver enkelt scene. Det er en film, der konstant giver sved i håndflader, armhuler og mellem ballerne. Den forhøjede puls og hjertebanken forsøger forgæves at finde et øjebliks ro, men den har næppe indfundet sig på skærmen (som regel via de to filmkompagnoner, der producerer den falske Hollywoodfilm) førend nerverne igen skal udfordres. Operation Argo imponerer i sin udnyttelse af mediets potentiale. Måske udfordrer den ikke gængse forestillinger eller sætter den historiske hændelse i et kritisk perspektiv, men den udfolder sig glimrende i sin genre og er en visuel og narrativ håndværksmæssig perle.

De nye demokratier skal (helst) være forbilleder (2013)

De nye elektorale demokratier i Mellemøsten skal konsolideres og holdes på rette spor, selv om der er mange steder i regionen, der har brug for støtte.

Efter det arabiske forår i 2011 er det en overvejelse værd, om man skal prioritere at støtte de nye elektorale demokratier, eller om man skal støtte de oppositioner, der indtil videre har tabt eller er blevet ladt i stikken?

Der er mange gode grunde til at sprede støtten. F.eks., at det er i de lande, der endnu ikke har oplevet succesfulde opgør med autoritære regimer, at liberal-demokratiske oppositioner har det sværest. Eller at der er forskellige meninger i den danske befolkning om, hvem der trænger mest, og derfor er det fristende for politikere at 'dele sol og vind lige'.

Der er imidlertid også gode grunde til at satse på de nye demokratier. De er ikke i den bedste tilstand, men det vil være en stor fordel, hvis de holder skansen som demokratier. Deres udfordringer stammer både fra radikale islamister og fra strukturelle problemer. Stor befolkningstilvækst, økonomi på nedtur, og politisk labilitet er en risikabel kombination.

Også forventningsfælden lurer. I det tidligere Østtyskland var der store forventninger efter genforeningen i 1990. Mange forventede vestlig levestandard og stor fremgang med det samme. Nogle blev meget skuffede. Det samme kan meget vel forventes i Egypten og Tunesien, og begge steder har man ikke midler hertil. Værst står det til i Egypten.

Samtidig er begge steder forbilleder for kommende oppositioner i de resterende autoritært ledede samfund. Det var yderst befordrende, at den første revolte kom i Tunesien, der var relativt 'klar' til en omvæltning: da denne gik så godt, var det oplagt at søge at imitere den i andre arabiske samfund.

Forventningsfælden giver EU-landene to udfordringer: på den ene side at sende signaler om, at alt ikke er gjort med et opgør med de autoritære regimer. Der skal mere til – øget produktivitet, reformer (der ikke nødvendigvis er populære), og klare udmeldinger om, hvilke politiske reaktioner, der anses for uønskede. På den anden side støtte til at mildne luften for de centrale befolkningsgrupper, der kommer i sociale klemme og opbakning til militærets linje som professionelt militær

– herunder fortsat NATO-samarbejde med krav om deltagelse.

Mange af de processer, de nye elektorale demokratier skal igennem, skal komme indefra og nedefra. Men man kan godt støtte fornuftige initiativer og kræve retning.

Forventningsfælden er imidlertid dobbeltsidig. Vi skal ikke forvente os mirakler. I Irak var der i 2003 stor begejstring over, at det forhadte Saddam Hussein-styre var blevet væltet. Ikke længe efter udbrød en heftig magtkamp, der stadig pågår om end i en begrænset udgave. I Egypten og Tunesien er det primært radikal islamisme, der udfordrer den fremtidige udvikling. I Libyen er udfordringen bredere.

Under alle omstændigheder vil det være en fordel at støtte de nye, spirende demokratier – og at koncentrere støtten: dels for at gøre dem til forbillede for udviklingen andre steder og dels for at understrege signalet til de fortsatte autoritære regimer om, hvilken vej, vinden blæser.

Militæret rev ned, civilsamfundet skal bygge op (2013)

Siden 2001 er der blevet væltet fem autoritære regimer i Stor-Mellemøsten. Alle fems fald er sket med et stort militært islæt: I Afghanistan og Irak var det med det amerikanske militær i spidsen, i både Tunesien og Egypten bidrog militæret til at trække tæppet væk under Ben Ali- og Mubarak-regimet, og i Libyen faldt Gaddafi ved hjælp af internationalt militær i samarbejde med oprørsregeringens militær.

Til gengæld har civilsamfundene i store dele af Mellemøsten været svage og prægede af mange års autoritært styre og undertrykkelse. I Egypten, Tunesien og Libyen skabte de imidlertid situationer under det Arabiske Forår, hvor militæret fik mulighed for at gøre op med de hidtidige autoritære chefer.

De nye, elektorale demokratier er imidlertid skrøbelige, og nye civile ledere skal på banen i samfund, der er præget af omvæltninger, nye magtkampe og, især i Egyptens tilfælde, mangel på ressourcer. De nye politikere skal også på banen i en situation, hvor der er der store forventninger og behov – der måske ikke umiddelbart kan indløses. Selv om de autoritære regimer faldt, er der stadig ungdomsarbejdsløshed, korruption og så videre. Og meget langt fra hverdagen til det liv, som befolkningerne kan se i vestlige tv-serier.

Denne cocktail af omvæltning og forventninger giver store udfordringer, og forandringsprocessen skal formentlig ses som langvarig. I denne proces er det nødvendigt at støtte udviklingen af uafhængige og konstruktive civilsamfund.

For det første skal civilsamfundene frembringe nye ledere og opbygge lokale miljøer, og denne proces er værd at være med i. For det andet nødvendiggør den samfundsmæssige kontekst, at civilsamfundene tilføres ressourcer for at kompensere for årtiers mangel på udfoldelsesmuligheder, faciliteter og praksis. Dette kan meget vel tænkes at blive en længerevarende proces, da der vil være tale om ikke blot at støtte aktuelle aktivister, men reelt at opbygge nye miljøer.

Under det Arabiske Forår i 2011 viste det sig, at en del af den civile del af oprørerne blev muliggjort ved hjælp af mobiltelefoner og lignede isenkram. De arabiske civilsamfund har hidtil været præget af manglen på logiske og teknologiske muligheder. Et fremtidigt støtteområde kunne derfor være opbygningen af disse muligheder i form af 'grønne pc'ere' og andet, der kan styrke civilsamfundenes teknologiske infrastruktur.

Det er imidlertid også vigtigt at stille krav til civilsamfundene. Lige som i Kosovo og Libyen er det nødvendigt, at de fastholder et konstruktivt perspektiv på den samfundsmæssige udvikling, herunder fred med naboerne og kvinders rettigheder. Dialog er derfor afgørende.

Danmark er ikke en stormagt i regionen, men via EU og vores handelsinteresser og idealer er vi tæt på, og i den aktuelle international situation vil det være en stor fordel, hvis området syd og sydøst for Danmark bliver en partner frem for kaos.

For at kunne bidrage hertil ser det ud til, at der skal satses på to fronter: den militære og den civilsamfundsmæssige. Den militære gennem NATO-samarbejdet, bidrag til opbygning af sikkerhedsstyrker, samt selv at beholde en kapacitet – der er stadig problemer i Mellemøsten! Den civile gennem en styrkelse af støtte til udviklingen af civilsamfundene og påvirkningen af den nye generation, der forhåbentlig skal bære en mere grundlæggende forandring af regionen igennem.

Nej tak til brug af kemiske våben (2013)

Hvis det syriske regime har anvendt masseødelæggelsesvåben, vil det formentlig udløse en international reaktion.[3] Ikke-brug og -spredning af kemiske våben er en vigtig norm at opretholde. Den sikrer en af krigsførelsens grundlæggende regler – at der kan sondres mellem civile og kæmpende, hvilket man ikke kan med kemiske våben, og den understøtter også nyere aftaler, som hidtil har haft stor tilslutning.

Allerede i 2012 opstillede Præsident Obama en 'rød linje'. Han talte den gang om, at brug af kemiske våben kunne udløse en amerikansk reaktion i forhold til den syriske konflikt. Han gav sig selv et spillerum ved at tale om 'omfattende brug' af våbnene. Obama ville ikke risikere, at oprørssiden ville bruge dem symbolsk for at trække USA ind i konflikten. Han gjorde imidlertid klart, at brug ville være grænseoverskridende.

---

[3] Redaktionelt: Teksten behandler udfordringer i perioden før august 2013, hvor den syriske regerings brug af kemiske våben mod dele af sin egen befolkning blev dokumenteret og diskuteret bredt i Europa og USA. Se fx Birthe Hansens artikel 'Syrien og de kemiske våben' i bogen *Borgerkrigen i Syrien* (Forsvarsakademiets Forlag, 2014).

I foråret 2013 kom de første meldinger om en formodet brug. Obama udtalte da, at dette kunne være en 'game-changer'. Siden har spillet ændret sig, da det nu alene handler om brugen af kemiske våben, hvor det tidligere også handlede om en bredere indgriben i konflikten. Den syriske opposition er så splittet, at den er svær at støtte, og USA skal også tænke på Iran. En indgriben mod det iranske atomvåbenprogram har været diskuteret, og det har hidtil udelukket en ressourcekrævende reaktion på den syriske konflikt. Hvis USA var engageret i Syrien, kunne de iranske ledere satse på, at USA havde nok at gøre og fortsætte bestræbelserne. Ved brug af kemiske våben i Syrien er situationen imidlertid blevet vendt på hovedet, for hvis USA lukker øjnene for det, ville Iran kunne satse på, at der var 'grønt lys' til at arbejde videre med programmet.

Presset for en reaktion betyder, at USA og det internationale samfund må stille sig selv en række spørgsmål i forhold til en sådan reaktion.

For det *første* er der spørgsmålet om grundlaget for en reaktion. USA har gode grunde til at kunne fremvise et solidt grundlag, hvis man vælger at reagere med en militær indgriben. Man vil ikke lokkes ind i noget på et iscenesat eller usikkert grundlag, og Obama vil næppe risikere at fremstå som George Bush gjorde i offentligheden efter invasionen af Irak: uden beviser for masseødelæggelsesvåben. Hvis der er indikatorer, skal de være klare af hensyn til både USA's egen befolkning, internationale omdømme og alliancemuligheder. F.eks. tabte den konservative britiske regering for nylig en afstemning om vilkårene for at deltage i en indsats.

Grundlagsdiskussionen drejer sig dels om, hvad FN's våbeninspektører finder ud af, og dels om, hvorvidt der kan reageres, hvis FN's Sikkerhedsråd er splittet. Hvis våbeninspektørerne kommer med en soleklar melding, vil det være svært for Rusland og Kina at modsætte sig en reaktion trods deres hidtidige skepsis. Grundlaget kan imidlertid vise sig at være uklart i forhold til, om det er regimet, oprørerne eller dele af disse parter, der kan have brugt våbnene. Hvis der kan sandsynliggøres en forbindelse til regimet eller dele heraf, vil der formodentlig komme en reaktion med eller uden FN-mandat.

For det *andet* er der spørgsmålet om indgrebets form. Hidtil har de store vestlige lande meldt ud, at der ikke tænkes på invasion, men på andre former for indgreb, herunder militære. Formentlig kunne Sikkerhedsrådet under alle omstændigheder samles om en resolution, der fremstod som en reaktion, hvis den ikke indebar mulighed for et militært indgreb. For bekymrede lande ville dette dog lyde hult, da intet tyder på, at Assad-regimet lader sig påvirke seriøst af udtalelser eller sanktioner.

Den tidligere amerikanske udenrigsminister Henry Kissinger ville måske have skåret igennem og sagt noget i retning af: "Vi er alligevel upopulære i Mellemøsten, så vi kunne angribe nogle ledende syriske politikere og generaler og centrale regeringsbygninger. Det ville skræmme regimet uden at skade oppositionen. Det ville sende et for os overkommeligt signal om, at vi ikke tolererer brug af kemiske våben, herunder til Iran, og det ville også sende et signal til resten af den politiske og militære ledelse i Syrien om, hvad der er acceptabelt".

Der har været flere attentatforsøg mod Assadledelsen, og selv om nogle ville undslippe og andre ville kunne lede landet fra bunkere, ville det presse *dele* af eliten. Den har andre eksempler at kigge tilbage på som Saddam Husseins og Muammar Gaddafis skæbner.

Kissinger-modellen tilhørte en anden tid. I en nyere version afspejler den en del af den aktuelle diskussion om, hvordan man presse syriske ledere til at ændre politik for at stoppe eventuel brug – uden selv at bruge mange ressourcer. Derefter vil man dog stå med udfordringen om, hvad man gør med den eventuelle kemiske kapacitet. Borgerkrigen og de langsigtede dårlige odds for regimet indebærer, at der kan blive gjort forsøg på at bemægtige sig disse. Det vil være problematisk, hvis en eventuel arv af kemiske våben kommer på markedet og falder i hænderne på terrorister, oprørsgrupper eller regime-revanchister.

For det *tredje* er der spørgsmålet om hvilke lande, der skal deltage. I forhold til en begrænset, målrettet operation er antallet ikke vigtigt, men for signalets skyld – nej tak til brug af kemiske våben – vil det være af stor betydning, at så mange som muligt deltager med praktisk eller politisk opbakning.

Det *store* spørgsmål, som Obama-regeringen og det internationale samfund så må stille sig selv, er, hvad bliver konsekvenserne af at gribe ind. Det vil ikke mildne sekteriske spændinger, magtkampe om fremtiden eller løse den syriske konflikt. En reaktion mod det syriske regimes kemiske kapacitet vil imidlertid kunne signalere 'nul tolerance' over for brug af kemiske våben, vise at der vogtes over denne norm, samt begrænse muligheden for anvendelse af disse i konflikten.

Efter Iranaftalen. Interview med Birthe Hansen (2015)

Den 14. Juli, 2015 blev der indgået en aftale mellem Iran og de såkaldte P5 +1-lande (USA, Rusland, Kina, Frankrig og Storbritannien + Tyskland. Aftalen skulle en årrække frem lægge begrænsninger på Irans atomprogram. Det havde længe været et mål for en række lande USA med USA i spidsen at få indgået aftalen. Til gengæld for at Iran indgik aftalen, blev en del sanktioner lettede. Senere trak USA under Donald sig fra aftalen, og der er i skrivende stund usikkerhed om, hvorvidt Iran overholder hele aftalen.

Hvad er aftalens vigtigste elementer?

Iranerne har lovet at reducere mængden af beriget Iran samt to tredjedele af centrifugerne. De har desuden lovet at tillade inspektioner af civile og militære installationer, således at aftalen kan kontrolleres.

På den anden side har iranerne fået løfte om, at sanktionerne løftes gradvist. Først de økonomiske, så begrænsningerne på våbenkøb og endelig køb af mere avancerede våben (fremføringsmidler).

Spørgsmålet så, om Iran vil overholde aftalen. Måske vil de efterfølgende begynde at handle om, hvor meget de egentlig skal leve op til. I forbindelse med inspektioner af de irakiske anlæg så man en vilje fra deres side til at problematisere aftaler.

Hvem har vundet?

Omverdenen har vundet på udskydelsen af en eventuel iransk a-våbenkapacitet. Det vil umiddelbart sige USA og Israel.

Iran har dog vundet på, at de ikke skal destruere deres lagre af Uran fuldstændigt. De er ikke helt sat ud af spillet med henblik på en senere satsning.

Hvem har umiddelbart tabt?

Rusland har til dels tabt, da de ikke har kunnet manifestere deres egne interesser. De har heller ikke fået særlige fingeraftryk på aftalen. De ville gerne have haft lov til at starte våbensalg til Iran. Det må de dog vente med.

På den anden side har Rusland vist, at de stadig er noget med internationale aftaler. De sad med ved bordet da aftalen blev indgået. De viser, at de satser konstruktivt i forhold til wmd – ligesom de gjorde i forhold til afvæbningen af Syrien, forrige år, da Bashar Assads kemiske våben blev hentet ud af landet.

Hvad bliver bundlinjen for dansk sikkerhed og udenrigspolitik?

Det er altid godt for små lande, hvis spørgsmål løses gennem forhandlinger, hvor der er mange store med til at garanterer, at aftalerne bliver overholdt. Danmark er også en del af støtten til den nye verdensorden, og her er fordelen, at der er sat grænser for en kernevåbensatsning.

Den dårlige nyhed er, at der ikke samtidig blev sat grænser for Irans støtte til forskellige terrorgrupper. Det vil være negativt for Danmark (og andre), hvis Iran ikke benytter lejligheden til at foretage en kursændring, der bringer dem tættere på den nye verdensorden. Og til at stoppe frivilligt med nogle af deres politiske udskejelser, som fx støtte til Hizbollah, Houtierne, etc. Det er nok for tidligt at konkludere på dette spørgsmål. Det kommer meget an på, hvordan Iran selv fortolker den nye situation og dens muligheder.

Hvad betyder aftalen for Israel? Er den så slem som Bibi siger?

Israel ville gerne have haft flere garantier og en længere frist for, hvornår Iran kan begynde at samle kernevåben. Efter aftalen bliver fristen et år. De ville gerne have haft længere varsling. De ville også gerne have haft større krav til og flere bindinger på Iran. Fx at de skulle ophøre med at støtte terror, og at de skulle anerkende Israel fuldt ud.

Har kernevåbensatsningen betalt sig for Iran? Hvad har de vundet? Hvad har de tabt?

Iran er blevet presset, fordi sanktionerne har virket overraskende godt. De har måske tabt mere på den front, end de have troet. Helt konkret har de jo også tabt noget på, at have betalt sig til nogle kernevåbenrelevante produkter, som de nu skal destruere. De har brugt nogle rigtig gode hoveder, som de måske kunne have brugt mere konstruktivt i andre produktioner, og så videre.

På den anden side har de byttet sig til mere indflydelse i dag. Aftalen omfatter ikke deres terrorstøtte, så man kan sige, at iranerne skabte to problemer for omverdenen: a-våbentrussel og terrortrussel. Sanktionerne har kun taget højde for a-våben truslen, så deres samlede satsning på en udfordring af den nye verdensorden har foreløbigt givet dem nogle fordele i forhold til destabilisering af deres omgivelser, og dermed en relativ styrkelse af deres egen sikkerhed.

Hvis de *ikke* havde satset på a-våben, var sanktionsvåbnet måske brugt mod deres terrorstøtte, og så havde vi i dag haft et både terrorafvæbnet og kernevåbenfrit Iran. Så Iran har bestemt fået politisk gevinst ud af satsningen.

Hvis man anlægger et lidt længere tidsperspektiv, havde de måske fået mere ud af at satse på kernevåben i en situation, hvor de var mere økonomisk robuste. Hvis de havde solgt olie på fuld kraft fem eller ti år længere, havde de måske haft råd til en hurtigere uranberigelse, og dermed stået stærkere i forhandlinger eller kunnet præsentere verden for et *fait accompli*. Det sidste er imidlertid spekulation, og måske ikke til så meget nytte i dag.

Hvad kommer den til at betyde for Rusland?

De må umiddelbart vente med deres eventuelle våbensalg, så selv på deres aktuelle stade har de ikke fået så meget direkte ud af det.

De har imidlertid fået vist, at de kan være med, når der diskuteres internationale løsninger sammen med 'de store'. De har også vist, at de er villige til at være med til at begrænse spredning af a-våben. De sætter åbenbart, lige som USA, begrænsning af wmd over begrænsning af terror, da de jo heller ikke har sat terrorbegrænsning som en betingelse for at ville indgå aftale med Iran.

Det er nu reelt op til iranerne, om de vil vende sig mod Rusland i et forsøg på at få nye/bedre venner i verdenssamfundet og balancere USA, eller om de hellere vil satse på et stadigt bedre forhold til USA, så de eventuelt kan skubbe til sauderne i den regionale magtbalance.

Spørgsmålet er også, hvad Rusland egentlig kan tilbyde Iran. Rusland er jo offensivt for tiden, men det kan stadig ikke tilbyde så meget til dem, det gerne vil indynde sig hos i Mellemøsten. Især ikke set relativt til, hvad andre som USA og Kina eventuelt kan tilbyde.

Vil USA nu få mere tid og overskud til at håndtere Krimkrisen og Borgerkrigene i Mellemøsten?

USA har bundet energi i forhandlingerne og udviklingen af et beredskab for det tilfælde, at forhandlingerne skulle bryde sammen. Nogle af disse ressourcer bliver nu frigjort. Samtidig har USA fået delt ansvaret for aftalen, fordi de har fået de store lande og EU med i aftalen således, at disse også er forpligtet på dens overholdelse.

Et eventuelt angreb på Iran, forudsat at aftalen ikke var blevet indgået, ville have været meget dyrt på flere dimensioner for amerikanerne, og disse udgifter i hvert fald foreløbigt blevet sparet. Om de ressourcer, der bliver i 'overskud nu' så også bliver brugt på netop disse kriser, kan ikke besvares endnu.

Er aftalen en succes for brugen af sanktioner som udenrigspolitisk middel?

Sanktionerne mod Iran har virket overraskende godt. Iranerne blev forskrækkede i 2003, da USA angreb Irak på spørgsmålet om masseødelæggelsesvåben, så på en måde var de gjort lidt møre først (de vidste, at USA kunne tænkes at bruge overvældende militærmagt i forhold til fx a-våbenusikkerhed), og på den måde måske mere modtagelige for det yderligere pres, som sanktionerne har udgjort.

Der har ikke været mange eksempler på så vellykkede sanktioner, og på den måde kan det også være, at netop dette sanktionsregime kan virke som et signal til andre om, at når selv Iran ikke kan stå imod, er det måske klogere at give efter, før man bliver udsat for sanktioner.

Hvad er de vigtigste konklusioner, man kan drage af forløbet indtil nu?

Det virker som om, det er nyttigt at pusle med at udvikle a-våben, hvis man har mange fjender. Man bliver taget mere alvorligt i en forhandling, jo tættere man kommer på tærsklen til at kunne bruge dem.

Det har også vist sig, at man kan handle med en troværdig tærskelstatus, så man kan bevare andre fordele (i dette tilfælde evnen til at støtte terrorbevægelser, der angriber ens fjender).

Forløbet har imidlertid igen vist, at USA har lederskab. Kina, de store EU-lande og Rusland har ganske vist været med ved bordet, men det har været USA, der har været ordførende og udslagsgivende ved aftalens indgåelse. Så for dem, der taler om, at vi har fået mere multipolaritet i verden, må forløbet da også give stof til eftertanke. Rusland fik i hvert fald ikke, hvad de ville, på særinteressefronten, og Kina var nærmest med på en lytter.

Iran vs. Saudi-arabien. En destruktiv rivalisering (2016)[4]

Saudi-Arabien og Iran er to magtfulde stater med forskellige politiske projekter, ambitioner om regionalt hegemoni og forskellige tilgange til den nuværende verdensorden. Rivaliseringen mellem de to hovedaktører har haft meget negative konsekvenser for regionen. Hverken Iran eller Saudi-Arabien kvalificerer sig som modellande med hensyn til politisk eller økonomisk udvikling, deres engagement i det syriske civilsamfund har kun forlænget og forværret konflikten, og deres fordækte politikker har været lidet formålstjenlige.

Indtil for nylig har Iran luret i kulisserne i selvforskyldt isolation på grund af dets atomprogram og dets problemfyldte forhold til USA, mens Saudi-Arabien har været meget integreret i international politik på grund af dets officielle overholdelse af reglerne i den nuværende verdensorden og dets tætte forhold til USA. Ud fra disse forskellige holdninger har de to stater fremmet forskellige regionale politikker.

---

[4] Teksten blev oprindeligt udgivet på tyrkisk under titlen 'Yikici bir rekabet' i *Ortadogu Analiz*. Marts, 2016. Den er her oversat efter det engelske manuskript af Carsten Jensen.

Men den internationale atomaftale aftale med Iran og nogle langsigtede tendenser har ændret forudsætningerne for rivaliseringen fra et gensidigt accepteret dødvande til en anspændt situation, der er baseret på en forandret magtbalancebalance. Iran har styrket sin position ved hjælp af atomaftalen, som giver et større spillerum til at manøvrere og forbedre de økonomiske udsigter.

I modsætning hertil har mange års afhængighed af faldende olieindtægter, dårlig budgettering og dårlig politisk ledelse givet Saudi-Arabien en position, der ikke er misundelsesværdig. Der er oven i købet blevet forværret af stadig voksende amerikanske bekymringer over det indbyrdes forhold. Andre udviklinger kunne føjes til disse, som fx den russiske genkomst i Mellemøstens politik, men det vigtigste element i magtskiftet er parternes ændrede forhold til USA, som stadig er den eneste supermagt.

I regionen er de fleste arabiske stater i dybe problemer. De har travlt med at genopbygge sig selv efter det arabiske forår 2011 eller forsøger at gennemføre mindre dramatiske reformprocesser. I nogle år forsøgte Saudi-Arabien at tage ledelsen, mest synligt i den arabiske liga, mens Iran var fraværende i mange re-gionale spørgsmål. Men scenen er blevet omorganiseret, og samtidig er der sket et magtskifte mellem Iran og Saudi-

Arabien. Begge dele giver mulighed for øget usikkerhed og risiko for konflikter.

Den nuværende konfrontation omfatter flere dimensioner fra den syriske borgerkrig, der spænder fra olieproduktion og priser til henrettelse af brandstiftere på Saudi-Arabiens ambassade i Teheran. Desuden indeholder konfrontationen mange aktører, da både Saudi-Arabien og Iran har været involveret i regionale spørgsmål, især borgerkrigen i Syrien og i mindre grad i Yemen.

Imidlertid står ingen af de to aktører i en position, hvor der ville være fornuftigt at starte en krig. På den ene side er Iran ved at komme ind i international politik igen og har endnu ikke draget fordel af sine nye økonomiske udsigter.På den anden side ville Saudi-Arabien antagonisere USA og på trods af sine højteknologiske våben og retoriske støtte fra andre arabiske stater, ville det være risikabelt at engagere sig i en krig.

Fra et mindre rationelt synspunkt er Saudi-Arabien næsten trængt op i en krog og har brug for en syndebuk til at aflede opmærksomheden fra indenlandske politiske fiaskoer. Den saudiske magtelite kan dog kun gætte på den amerikanske reaktion og resultatet af det amerikanske præsidentvalg næste år. Eliten har også i brug for at vinde tid til at lancere en omstrukturering af økonomien og det politiske system, hvis det skal vedligeholde håb for dens fremtidige trivsel.

Risikoen for krig kan ikke udelukkes fra scenarier, men især Iran har et stærkt incitament til ikke at engagere sig i nogen dramatisk konflikt på tærsklen til at genindtræde international politik efter dets post-revolutionære isolation. Metaforisk var tidshorisonten for de iranske politikere engang som tæppevæveres i forhold til pottemageres ifølge den tidligere israelske ambassadør i Teheran, som dermed antydede, at Irans politikere havde et langsigtet perspektiv.

Irans genindtrædelse i regional politik, der forudsætter at Iran opfylder de krav, der fremstilles i atomaftalen, kan sammenlignes med Tysklands genforening i 1989. Styrkelsen af Tyskland som en større aktør i europæisk politik har vakt mange bekymringer om konflikter. Men fornuftige politiske ledere, et samarbejdende Tyskland og et beslutsomt USA skabte en fredelig og konstruktiv forandring i Europa i kølvandet på afslutningen af Den kolde krig.

En lignende udvikling er mindre sandsynlig i Mellemøsten, men fornuftige politiske ledere og USA's engagement er stadig afgørende faktorer for en fredelig regional udvikling, selvom også intra-regional politik er afgørende.

Ifølge konventionel IR-teori skaber magtskifter ustabile forhold og kræver parternes gensige afprøvning af hinanden. Hvis virkningern af det nylige magtskifte mellem Iran og Saudi-Arabien skal dæmpes, og man skal forhindre en genopretning af balancen i at blive til krig, er det især nødvendigt at behandle to spørgsmål.

For det første skal Irans overholdelse af atomaftalen overvåges nøje, ligesom iransk udenrigspolitisk adfærd i almindelighed - både på deres egne præmisser, men også for at forhindre Iran i at blive selvtilfredst og klar til at kasse hurtigt ind fra dets forbedrede position.

For det andet er reformbehovet i både Iran og Saudi-Arabien påtrængende. I Iran kan unge dårligt vente med at tilslutte sig frihedsværdier, handel og et nyt engagement i verdensorden.

I Saudi-Arabien er selve det politiske system imidlertid usikkert, da den rigdom, der tidligere hjalp eliten med at legitimisere sig selv, er truet, og de politiske rettigheders situation er tæt på middelalderlige. Derfor bør den saudiske elite opmuntres til at gennemføre politiske og økonomiske reformer i stedet for at ty til desperate udenrigspolitiske tiltag. At skabe udenlandske syndebukke for at samle en utilfreds befolkning bag dens ledere er ved at blive forældet.

Sorteper stopper formentlig i Det hvide hus. USA er den aktør, der bedst er i stand til at formidle disse budskaber til Iran og Saudi-Arabien, og begge lande kan godt lytte. På trods af den forventede styrkelse og det øgede samarbejde med Kina har Iran stadig meget at tabe, hvis det virkelig ønsker at komme ind i det internationale samfund igen. Saudi-Arabien har alt at tabe ved antagonisere USA. Forhåbentlig vil forberedelserne til præsidentvalget i USA ikke overskygge behovet for ordentlig forvaltning af internationale anliggender.

Når bunkeren falder. Den nye arabiske lederskiftebølge (2016)

Den arabiske lederskiftebølge gik i gang med Saddam Hussein-styrets fald i Irak i 2003 og fortsatte senere med det arabiske forår i 2011. Blandt de stater, der mistede deres gamle ledere i bølgen, blev nogle ramt værre end andre. Blandt de værst ramte må siges at være Syrien, Irak og Libyen, men også Yemen kunne tælles med, og det palæstinensiske Gaza er på vippen.

Disse samfund er alle blevet rubriceret som såkaldte 'prætorianske bunkerstater' i samfundsvidenskaben[5]. En bunkerstat karakteriseres ved, at den ledes på autoritær vis af et regime, der ikke har en bred social basis, men bygger på klan-, familie- eller sekterisk magt. Dermed stivner samfundet, og ledelsen heraf bliver meget ufleksibel. Det betyder, at magteliten vil klynge sig til magten (for at undgå en slem skæbne), og at den er tilbøjelig til at svare igen på udviklinger i samfundet med forøget magtanvendelse.

---

[5] Se især Clement Henry og Robert Springborg: *Globalization and the Politics of Development in the Middle East*. Cambridge: Cambridge University Press, 2010 samt Birthe Hansen og Carsten Jensen: *Demokrati i Mellemøsten*. København, Danmarks Jurist- og Økonomforbunds Forlag, 2012.

Hvordan kan en samfundsvidenskabelig kategori så hjælpe os i forhold til en bedre forståelse af de pågældende samfund? Den hjælper os med i hvert fald tre ting: for det *første* at forstå, hvorfor det gik galt i de pågældende stater – herunder at alt ikke nødvendigvis er Vestens skyld. For det *andet*, at risikoen også er til stede i resterende bunkerstater, der endnu ikke har været gennem så grundlæggende forandringer. For det *tredje*, at det er en gigantisk udfordring at få ex-bunkersamfund på fode igen.

Der er ingen pæne måder

Algeriet var den første bunkerstat, hvor det siddende autoritære styre blev udfordret. Efter sejr i lokalvalg, vandt Fronten til Islamisk Frelse også valg til nationalforsamlingen i december 1991. Hæren erklærede valget ugyldigt i januar 1992, og herefter udviklede sig der en borgerkrig, der først stilnede af i 1998. Borgerkrigen kostede op mod 150.000 algeriere livet, men førte ikke til grundlæggende politiske forandringer.

I Irak faldt Saddam Hussein-styret efter en amerikansk-ledet invasion i foråret 2003. Selve krigen var kortvarig, men det efterfølgende magtopgør internt i Irak var blodigt. Og også sanktionerne mod Irak i tiden før invasion havde haft mange ofre.

Den folkelige oprørsbølge i begyndelsen af 2011 spredte sig hurtigt til Libyen. Her var et markant indre ønske om forandring, og dette ønske fik bistand af en humanitært begrundet militær indsats på FN-mandat. Indsatsen fratog Gadaffi-regimets dets tunge våben, og dette betød, at oprørerne kunne vælte Gadaffi. Alligevel fulgte et magtopgør i landet, og grupper i det østlige henh. vestlige Libyen kan stadig ikke enes.

Syrien oplevede også en regime-udfordring i foråret 2011. Da det i efteråret stod klart, at USA ikke ville gå enegang, og Rusland og Kina nedlagde veto i FN's Sikkerhedsråd mod en indsats, skruede Asad-styret helt op for volden. Derefter udviklede Syrien til en slagmark, og den blodige borgerkrig havde i februar 2016 kostet næsten 300.000 mennesker livet.

Groft sagt får man et billede, hvor der har været tale om markant udfordring eller sammenbrud af de gamle systemer på forskellig vis: Algeriet (hvor regimet overlevede) uden indblanding udefra, Irak efter amerikansk-ledet intervention, Libyen med international hjælp på FN-mandat, og Syrien uden indblanding (i starten). Af disse har Syrien haft de største tabstal, og store dele af landet ligger i ruiner.

Man kan konkludere to ting. Først, at koordineret international indblanding ikke er det værste, der kan ske i en bunkerstats forandringsproces. Dernæst, at sådanne forandringsprocesser er uhyre vanskelige i bunkerstater.

Flere i risikozonen

Også Yemen og det palæstinensiske selvstyre har været karakteriseret som bunkerstat henholdsvis bunkerstatslignende enhed.

I Yemen brød der uroligheder ud i 2011, om end i mindre målestok end i især Nordafrika. Umiddelbart blev et større opgør afværget, da USA greb ind, efter den brandskadede yemenitiske præsident Ali Abdullah Saleh havde været i behandling i Saudi Arabien, og hjalp ham med at trække sig tilbage i begyndelsen af 2012. Siden har landet imidlertid været i krise. Al Qaeda har været aktiv, og et Iran-støttet houti-oprør har tvunget Salehs efterfølger, Abd Rabu Mansur Hadi, i eksil. En ustabil våbenhvile er blevet forhandlet, men har ikke ændret ved samfundets grundlæggende skrøbelige natur.

Selv om det palæstinensiske selvstyre ikke er en egentlig stat, og selv om det ikke kvalificerer sig fuldt ud til betegnelsen 'bunkersamfund', har det alligevel et række fællestræk med kategorien. Selvstyret er reelt delt i Vestbredden og Gaza, og det er især i Gaza, at der har været problemer.

Hamas-styret regerer autoritært, føres eventyr-udenrigspolitik, og skyder skylden for alle dets problemer på Israel.

Hamas vandt en spinkel sejr i parlamentsvalgene i 2006, men tabte præsidentvalget. I juni 2007 kuppede Hamas sig til hele magten og nedkæmpede Fatah, der vandt præsidentvalget. Derefter har Hamas holdt sig oppe ved hjælp af repression og legitimeret sig ved lejlighedsvist at angribe mod syndebukken Israel. Til sammen betyder dette, at en egentlig opposition og en grundlæggende samfundsdannelse har svære vilkår. Dermed står Gaza i en bunkerlignende situation.

Det er dermed sandsynligt, at Yemen og Gaza kan havne i store magtopgør, lige som det har været tilfældet med de øvrige bunkerstater.

Svært at komme videre

Bunkerstater har meget svært ved omstille sig fra deres særlige gamle autoritære former til at modsvare den aktuelle verdensordens konkurrence-vilkår. De har en samfundsmæssig arv, der består at meget begrænset samfundsdannelse, ingen erfaringer med en fri opposition og ingen tillid til myndigheder i store dele af deres befolkninger. De har heller ingen udviklet professionalisme blandt kommende myndighedspersoner, men nærmest en junglelov. Derfor skal der ikke blot bygges nyt, men også nedbrydes en række uhensigtsmæssige erfaringer.

Man kan derfor spørge, om den amerikanskledede koalition skulle have holdt sig ude af Irak, og om Vesten skulle have undladt at opmuntre oprørerne under det arabiske forår – havde det været bedre, hvis autokraterne var blevet siddende?

Næppe. Der er selvsagt den moralske dimension, og det forhold, at så mange mennesker har levet i undertrykkelse og med regimernes politisk-økonomisk underpræstation, men der er også tre rationelle forhold.

For det første har indblanding og opmuntring ikke været det værste. Det er gået hårdest ud over den syriske civilbefolkning, der har lidt de største tab. I tilfældet Syrien startede oprøreret inde fra, og der er hidtil ikke blevet gennemført nogen koordineret indsats mod Asad-regimet.

For det andet ville problemet blot have vokset sig større. Jo længere, autokraterne fik lov at sidde, desto mere massiv ville den negative arv blive. De manglende erfaringer med samfundsdannelse og fri opposition ville blive endnu mere indgroede, og mistilliden ville vokse. Dermed ville det være endnu sværere at komme videre efter forandring.

Og da lederne jo ikke ville leve evigt, trods alt, og indtryk fra omverdenen ville brede sig, ville der alligevel opstå magtkampe.

For det tredje har efterkoldskrigstidens politikere i Vesten ikke haft erfaringer med forandring af bunkerstater i Mellemøsten. Det har også for dem været en læreproces.

Der har i Vesten været erfaringsopsamling, debat og læreprocesser. I NATO, amerikanske tænketanke, kritiske universitetsmiljøer og den folkelige debat. Tiden er kommet til at få opsummeret alle disse processer, frem for selvcentreret f.eks. at grave videre i sagen om beslutningerne Irakkrigen som i Danmark. Disse beslutninger er særdeles velbelyste allerede, men spørgsmålet om, hvordan Danmark og andre kan bidrage til at mildne omstillingsprocesserne, mangler stadig mange – og mere påtrængende – svar.

Tyrkisk militærkupforsøg (2016)

Kupforsøget i Tyrkiet i juli 2016 adskiller sig fra tidligere kup både i Tyrkiet og i almindelighed på flere måder. De samfundsmæssige forudsætninger var atypiske, planlægningen var dårlig, og militærets rolle var i Tyrkiet var allerede svækket. Der er meget, vi endnu ikke ved om kupforsøget, men derfor kan man godt stille sig selv det spørgsmål, hvordan i alverden højtstående tyrkiske militærfolk kunne få en sådan ulyksalig idé – med alle odds imod sig.

Kupforsøget bestod i, at en lille del af militæret anført af generaler fra især luftvåbnet, søgte at overtage den politiske magt ved at sprænge to bomber i parlamentsbygningen i Ankara, spærre trafikken over Bosporus-broerne, besætte de vigtigste, traditionelle nyhedsmedier, og forsøge at sætte præsident Recep Tayyip Erdogan i husarrest. Kupforsøget varede ikke en gang et halv døgn, Erdogan formåede at bryde iscenesættelsen via de sociale medier for dernæst at iværksætte et modkup.

Atypiske forudsætninger

I sin klassiske kup-håndbog beskriver militærhistorikeren Edward Luttwak de tre mest almindelige samfundsmæssige forudsætninger for kup.

Den første er en omfattende og langvarig økonomisk krise, typisk med meget stor arbejdsløshed og meget høj inflation. Ingen af delene var tilfældet i Tyrkiet. Over tid har den tyrkiske økonomi haft kriser, men dels har landet i efterkoldskrigstiden oplevet markante forbedringer og senest haft det, som bankfolk betegner som en robust vækst. Arbejdsløsheden ligger på ca. 9 % (det dobbelte for unge); det vil sig relativt højt, men ikke alarmerende – og lavere end tidligere i Tyrkiet. Alt i alt er det imidlertid gået frem ad med økonomien. Dette er ikke mindst sket i Recep Tayyip Erdogans regeringstid og udgør formentlig en stor del af forklaringen på, at hans parti AKP har genvundet regeringsmagten flere gange.

Den anden forudsætning er langvarig, fejlslagen krigsførelse eller et større nederlag. Her er billedet lidt mere blandet i Erdogan-tiden. Fra at hans daværende udenrigsminister Ahmed Davotoglu i 2008 beskrev sine perspektiver som 'ingen problemer med nogen', strategiske dybde, og en genrejsning som stormagt, har problemerne udviklet sig. Tyrkiet fører krig mod både kurdere i nabolandene og mod terrororganisationen Islamisk Stat. Der var ellers indgået våbenhvile med den tyrkisk-kurdiske PKK, og i starten vaklede Tyrkiet ift. kampen mod IS. I november sidste år nedskød Tyrkiet et russisk kampfly på grænsen mellem Syrien og Tyrkiet. Forholdet til Israel var i flere år dybt problematisk efter flotille-affæren, hvor Israel bordede et skib, der var ved at bryde blokaden mod Hamas-Gaza, og ni tyrkere blev dræbt. For nylig har Tyrkiet dog undskyldt til russerne og forbedret forholdet til Israel igen, men begge hændelser vidner om nye, ikke-uproblematiske træk ved tyrkisk udenrigspolitik. Alt i alt er der således ikke tale om, at Tyrkiet har lidt et konkret militært nederlag eller været involveret i en langvarende, opslidende konflikt (undtagen med sine egne kurdere), men snarere, at landet under Erdogan har ført en slingende og grænseprøvende udenrigspolitik.

Den tredje forudsætning er kronisk ustabilitet under et flerpartisystem. I Erdogan-tiden har det stik modsatte været tilfældet. AKP har vundet tre valg, toppolitikerne er de samme, og der har ikke været politisk handlingslammelse. I stedet har Erdogan og hans fæller tilranet sig mere og mere magt og iværksat ganske mange politiske tiltag. Som da f.eks. den store avis, Today's Zaman, blev overtaget. Der har været en stigende magtkoncentration omkring i det tyrkiske samfund, og der har også været en række terrorangreb, men generel politisk ustabilitet har der ikke været tale om.

De traditionelle forudsætninger for et kupforsøg – vellykket eller ej – var således ikke til stede i juli 2016.

Den dårlige planlægning

Også den rent praktiske planlægning af militær-
kup har været genstand for opsamling og syste-
matisering. I en bog, der – oversat – hedder
'hvordan man begår et militærkup', peger forfat-
terne David Hebditch og Ken Connor på en række
faktorer, der typisk er udslagsgivende for, om
kuppet lykkes. Det drejer sig blandt om omgående
og fuldstændigt at overtage medierne, at få erklæ-
ret sine mål og skaffe bred opbakning, at skaffe
sig international støtte ved at tilslutte sig frem-
trædende sager, og at have en 'regerings'-
lignende struktur i kupgruppen, der kan tage
magten.

Kupforsøget i juli synes ikke at have opfyldt no-
gen af disse 'gyldne regler' for et vellykket kup.

Når det gælder mål og tilvejebringelsen af opbak-
ning, lykkedes det ikke for *kupmagerne-in-spe* at
få kommunikeret ud, hvad de egentlig ville, og
hvad de havde været utilfredse med. Det lykkedes
heller ikke for dem omgående og fuldstændigt at
overtage medierne. De besatte godt nok, hvad der
svarer til tyrkisk DR, men de sociale medierne fik
lov at fungere. Dette benyttede præsident Erdog-
an sig af og opfordrede de tyrkiske borgere til at
protester. Derved fik han også vist sin befolkning,
at kuppet ikke var en kendsgerning, man blot

skulle indordne sig under, men noget, man kunne modsætte sig.

Det lykkedes heller ikke at få leflet for omverdenen. Dels blev kupforsøget hurtigt afværget, dels ville det næppe have hjulpet. Den førende supermagt, USA, har demokrati (og dermed opbakning til demokratisk valgte ledere) som sin mærkesag, EU ville ikke med sit værdipolitiske grundlag kunne have godtaget et militærkup, og selv Rusland (som Tyrkiet netop havde undskyldt til) ville næppe bryde sig om militærkup mod magtinteresserede ledere (og skyndte sig da også at tage skarpt afstand).

Endeligt ved vi ikke endnu, hvordan lederne af kupforsøget havde organiseret sig. Vi ved imidlertid, at de ikke stod med et samlet militær, så det er måske heller ikke så vigtigt.

Ud over disse erfaringsbaserede faktorer kan man tilføje, at lederne af det fejlslagne kupforsøg hverken havde sikret sig, at præsident Erdogan var ude af landet, eller at han omgående blev taget i sikker forvaring. Man kan også tilføje, at selv om disse ledere søgte at manifestere sig, fik de i det hele taget ikke mobiliseret eller vist den 'overvældende magt', der skal til for skabe stemning af kuppet som en uomgængelig kendsgerning. Konklusionen er, at deres planlægning var for dårlig og deres støtte i militæret for lille.

Den tyrkiske udvikling

Det tyrkiske militær stod ikke samlet. Det er nok den vigtigste forklaring på, hvorfor kupforsøget ikke holdt mere end resten af natten. Når det tyrkiske militær ikke længere kan ses som så samlet som tidligere, hænger det sammen med flere ting. Dels med de udrensninger, der har fundet sted i Erdogan-tiden (hvor mange officerer først blev arresteret og dømt for at planlægge et kupforsøg, så løsladt igen efter en ny retssag), dels med den islamisering af militæret, der har fundet sted i perioden.

Selv om det tyrkiske militær stadig er dybt hierarkisk organiseret, burde ledelsen af kupforsøget derfor ikke havde kunne påregne den samme sammenhæng som i militærets 'kemalistiske' fortid.

På samme måde burde den heller ikke have kunne påregnet, at der ville være en stor støtte i befolkningen på dette tidspunkt. Tidligere har der også været en udbredt accept af den 'tyrkiske model', forstået som et begyndende demokrati med militæret i baggrunden, der stod parat til at garantere fortsat demokratisering. I Tyrkiet er tiden imidlertid løbet fra modellen. Der har både været tilfredshed i landet med den demokratiske udvikling, med Erdogan-ledelsen og dens økonomiske resultater, og med, at militæret kom til at spille en mindre rolle. Det vil sige, at Tyrkiet var blevet et mere moderne land med flere og flere andre velfungerende institutioner.

På den måde er der også en stor forskel til Egypten, der stadig oplever nogle af de problemer, som Tyrkiet i hvert fald hidtil syntes at have overvundet. Abdel Fattah al-Sisi blev måske nok præsident efter et militærkup mod Mohamed Morsi. Men i Egypten var militæret den bedst fungerede institution, det havde stor folkelig opbakning, præsident Morsi (også havde tilranet sig magt) havde ikke leveret økonomisk, kuppet var ordentligt planlagt og, frem for alt, det egyptiske samfund har ikke været gennem den samme udvikling som Tyrkiet. Faktisk blev det intenst debatteret efter al-Sisis magtovertagelse, om Egypten kunne imitere den tyrkiske model og profitere fra militærets rolle, som over tid ville blive mindre og mindre og trængt mere og mere i baggrunden.

Efter kuppet

Lederne af det fejlslagne militærkup i Tyrkiet har måske haft høje idealet og troet, at de gjorde deres land en tjeneste ved at forsøge at stoppe Erdogans magtkoncentration. De overså imidlertid, at Tyrkiet har udviklet sig, og de negligerede In-

ternettets teknologiske kup-immuniserende po-
tentialer.

Det bliver interessant at få at mere viden om,
hvem der stod bag kupforsøget, og hvad de ville.
Indtil da kan vi konstatere, at kupforsøget kom på
et tidspunkt, der et nyt i kuphistorien, og at kup-
pet ikke var godt nok planlagt eller omfattende
nok til at kunne lykkes. Til gengæld har Præsident
Erdogan udnyttet situationen til at trække skuffe-
planer frem og øge sin magtkoncentration i en
grad, hvor omverdenen frygter for Tyrkiets frem-
tid, og hvor forsøget dermed blev særdeles upro-
duktivt.

Henvisninger

Luttwak, Edward: *Coup dÉtat – a Practical Hand-
book*. Cambridge, Mass., Harvard University Press,
1968/1979.

Hebditch, David, and Ken Connor: *How to Stage a
Military Coup – From Planning to Execution.* Lon-
don: Frontline Books, 2005/2208.

Hansen; Birthe, og August Bundegaard Aggebo:
'The Turkish Model and the Transformation of
Arab Politics'. I C. Jensen (ed.): *Democracy Manag-
ers*. Copenhagen: Royal Danish Defence College,
2013: pp. 31-44.

Præsidentvalget og den amerikanske mellemøstpolitik (2016)

Efter præsidentvalget i november vil USA fortsat engagere sig i Mellemøsten for at befæste sin globale stilling. Engagementet skal ses i lyset af, at Rusland ikke må forstyrre det overordnede mål, der er at holde snor i Kina

Hver gang, der vælges præsident i USA, er der spænding om, hvad dette betyder for den amerikanske mellemøstpolitik – og dermed også for Mellemøsten og resten af verden. Denne gang er spændingen formentlig endnu større, fordi der er så stor forskel på udmeldinger fra de to kandidater, demokraternes Hillary Clinton og republikanernes Donald Trump.

Hvis man ser på, hvad der hidtil har betinget USA's mellemøstpolitik, kan man få et fingerpeg om, hvilke faktorer, der vil få betydning for dens fremtidige udformning.

For det første synes hverken lederens rolle eller holdning i valgkampen at have den store betydning. For det andet har udviklinger i regionen været det, der har *udløst* amerikanske politikker. For det tredje har overordnede hensyn og USA's råderum præget de konkrete politikker.

Dette tyder på, at den kommende præsidents mellemøstpolitik vil blive udløst af udviklingen i regionen, at den vil være reaktiv og at den vil tage hensyn til politikken i forhold til Rusland og Kina.

Lederens rolle og holdninger i valgkampen

At det har mindre betydning for USA's mellemøstpolitik hvem, amerikanerne vælger til præsident, kan bedst illustreres med nogle eksempler.

Det første eksempel er fra den kolde krig, hvor den amerikanske forsker William B. Quandt har skrevet et hovedværk om USA's arabiske-israelske diplomati under der forskellige præsidenter. Under den kolde krig var netop den arabiske-israelske konflikt et omdrejningspunkt på grund af supermagternes magtbalance, og den er derfor et godt eksempel.

I forhold til konflikten konkluderer Quandt, at 'ingen præsident eller udenrigsminister forblev bundet af deres oprindelige sympatier i konflikten'. Ronald Reagan, der var meget pro-israelsk i sin valgkamp, solgte AWACS-fly til Saudi Arabien, gav støtte til Israels fjende Irak, og åbnede en dialog med PLO. Omvendt førte Nixon, der havde fremstået Israel-kritisk i sin valgkamp, en meget pro-israelsk politik. Carter forsøgte at slippe for det arabiske-israelske diplomati sidst i 1970'erne, men endte med at se Israel som strategisk vigtig i lyset af sin overordnede anti-sovjetiske politik.

Efter den kolde krig har samme mønster gjort sig gældende. Først gik George W. Bush til valg på at ville hellige sig amerikansk indenrigspolitik, men blev senere den præsident, der foretog det største indgreb i regionen med Irak-krigen i 2003. Senest har Barack Obama vendt på en tallerken. I et studie fra Institut for Statskundskab har William Jackson vist, hvordan Obama blev valgt på et anti-krigs-grundlag, men intervenerede både i forhold til Libyen med *Operation Odyssey Dawn* og i forhold til Islamisk Stat med *Operation Inherent Resolve*.

På den baggrund skal man ikke hæfte sig for meget ved, hvad præsidentkandidaterne agiterer for eller hvem, de udtrykker sympati for, i valgkampen.

Udviklingen i regionen

Til gengæld ser det ud til, at udviklingen i regionen udløser amerikansk politisk handling. Her kan også nævnes nogle eksempler. Under den kolde krig blev det muligt for Jimmy Carter at spille en afgørende rolle i fredsforhandlingerne mellem Egypten og Israel, efter at Egypten havde droppet sin sovjetiske supermagtsallierede og ønskede en ny. Carter blev også udfordret af de iranske revolutionæres gidseltagning, hvor indsatsen – som USA var uøvet i – endte i fiasko. Det var også konsekvenserne af den iranske revolution, der fremtvang USA's støtte til Irak under Ronald Reagan. Irak havde angrebet Iran, der var i kaos efter revolutionen, men krigslykken vendte hurtigt til iransk fordel. Det så dermed ud til, at revolutionen risikerede at sprede sig, og at den regionale magtbalance var i fare. USA valgte derefter at støtte Irak som et bolværk.

Efter den kolde krig var det da også udviklinger i regionen, der udløste amerikanske prioriteringer og handlinger. Den ældre George Bush samlede en stor koalition og smed Irak ud af Kuwait i februar 1991. Bill Clinton foretog sig ikke ret meget, da der var stabilitet i regionen under hans præsidentskab.

Barack Obama blev 'ufrivilligt' inddraget som følge af det arabiske forår, hvor Muammar Gadaffis forsøg på at slå det libyske oprør ned udløste en humanitær krise. Obama blev også inddraget under Bashar al-Assad brutale oprørsbekæmpelse, men var nødt til at bytte intervention med forhandlinger om kemiske våben og senere at vælge våbenhvile- og fredsforhandlinger på grund af Rusland. Den kommende præsident vil formentlig kunne se frem til flere udviklinger som følge af det arabiske forår og atomaftalen med

Iran: den mellemøstlige magtbalance er ustabil – hvad sker der med Syrien, hvordan udvikler det iransk-saudiske forhold sig, hvor bevæger Tyrkiet sig hen, og hvilke regimer klarer sig ikke gennem opbruddet?

Således kan man konkludere, at det er udviklinger i regionen, der udløser amerikansk aktivitet (og at der formentlig bliver flere af dem), men også, at det er andre ting, der har betydning for, hvilken aktivitet, der bliver valgt.

USA's overordnede råderum

Det ser ud til, at den konkrete amerikanske reaktion på udviklinger i Mellemøsten i høj grad præges af to forhold: det amerikanske styrkeforspring og hensynet til de amerikanske konkurrenter.

Under den kolde krig var det magtbalancen i forhold til Sovjetunionen, der var den helt afgørende faktor. Det var en tommelfingerregel, at magtbalancen var styrende, at USA i dette perspektiv varetog sine interesser i form af en stabil olieforsyning samt Israels sikkerhed på den ene side og et godt forhold til de arabiske ledere på den anden.

Efter koldkrigsafslutningen er oliespørgsmålet blevet mindre vigtigt for USA, både pga. de faldende oliepriser, USA's egen olie, og de allieredes forsyningsdiversificering. Balanceringen af det arabisk-israelske forhold er også blevet mindre vigtig, da Israel i mindre grad er truet af naboer, konflikten er løftet ud af supermagtsrivaliseringen, og andre ting trænger sig på.

Vigtigst er dog, at den kolde krigs magtbalancering er ophørt. Godt nok er der aktuelt set en indædt magtkamp mellem USA og Rusland i gang i Syrien, men den handler mere om et russisk forsøg på at hindre, at USA 'tager det hele', end at vinde frem på lige basis, selv om Rusland jævnligt hævder dette.

I stedet ser det ud til, at USA i 1990'erne holdt sig noget tilbage i regionen, mens Bill Clinton i stedet vendte det dundrende budgetunderskud. Det havde kostet at afslutte den kolde krig. Den yngre George Bush regerede, mens den amerikanske økonomi var på toppen, og de amerikanske konkurrenter stadig lå underdrejet. Han havde derfor råd til at føre en pro-aktiv politik i lyset af 9-11, og gennemførte en regime-forandring i Irak.

USA har stadig som enesupermagt en form for valg mellem passivitet og pro-aktivitet. Der er imidlertid fordele og ulemper forbundet med begge. Passiviteten giver mindre kritik fra potentielle konkurrenter, men man mister indflydelse og kontrol med udviklingen. En mere aktiv politik giver mere kritik, men større indflydelse. Aktuelt set er det Rusland (men godt hjulpet af Kina), der kritiserer USA og prøver at dæmme op for amerikansk indflydelse.

Den syriske borgerkrig har fortættet det amerikanske dilemma mellem lille og stort engagement. I Syrien har USA valgt ikke at bruge sin magt, men at følge FN, hvor Rusland og Kina har nedlagt veto mod en eventuel intervention. USA har i stedet fjernet kemiske våben (sammen med Rusland, Danmark og Norge), støttet Den Frie Syrisk Hær og deltaget i forhandlinger. Alt sammen noget, der har kunnet mindske konfrontationen med Rusland, men hvor flere tiltag befordrede et samarbejde.

Dette tyder på, at USA ikke vil brænde for mange ressourcer af i Mellemøsten, men stadig satse på opbygning af sig selv og prioritere konkurrencen mod den opstigende, kinesiske rival. Trods Obamas i princippet indadvendte politik, kæmper USA stadig med efterdønningerne af finanskrisen og et stort budgetunderskud.

At USA's magtforspring er blevet mindre, (og hjemmebasen derfor trænger til et løft), samt at Kina er blevet stærkere og Rusland mere grænseafprøvende, har derfor påvirket den amerikanske mellemøstpolitik i neddæmpet retning.

Frihandel som indre værdi
(24.01.2017)

Da jeg vågnede i morges, følte jeg mig stærkt deprimeret. Sådan helt tom inden i og slap i koderne. Sad og hang med en kop kaffe og tænkte på, om det mon gik over. Gennemgik familien. Alle har det godt, og katten var forfærdelig sulten og kælen, som den plejer om morgenen. Kiggede på morgennyhederne. Ingen katastrofer eller nye krige. Så gik det op for mig, hvad der var så plagsomt: Trumps dekret om ophævelse af TPP-aftalen dagen før.

Selv om jeg hidtil har sat stor pris på det frie marked, havde jeg ikke været klar over, hvor meget en vestlig forpligtelse på Stillehavs-frihandelsaftalen betød for mig. Frihandelsaftaler gør kagen større, letter livet og TPP-aften forbandt desuden USA og en række mindre, vestligtvenlige lande i et fællesskab. Aftalen var forhandlet på plads, om end endnu ikke godkendt i det amerikanske senat, og så dekreterer hr. Trump, at han vil af med den.

Nogle vil mene, at det er godt at komme i kontakt med sine indre værdier, men det er faktisk ikke rart, når de måske bliver flået i stykker. Andre vil mene at "hvad udad tabes, skal indad vindes". Når det gælder udfordringen af en frihandelsaftale, er det svært at operationalisere "indad vindes". Der

er vist kun én måde: at grave dybt i sin sjæl for
finde optimismen frem.

I kampen mellem afmagtsfølelse og optimisme
lykkedes det optimismen at få et lille bitte over-
tag. I hvert fald, hvis man parrer den med et
laaangt tidsperspektiv og en vilje til at leve på
rationeringsvilkår imens. Fornuften i storhjernen
pegede på, at der indtil videre er tale om et præ-
sidentielt dekret, der først skal en tur gennem
kongressen.

Dekretet er dog stadig alarmerende, for republi-
kanerne i kongressen formåede ikke at stoppe
Trump. Først lod de ham vinde den interne nomi-
nering, så derefter præsidentvalget. Tilliden til
dem er derfor ikke i højsædet.

Nu vil Trump i princippet genforhandle aftalen.
Der kan ske meget i mellemtiden, og der kan
komme meget pres på ham. F.eks. fra Boeing, Coca
Cola og McDonalds, der er vandt til at kunne agere
relativt frit rundt i verden. I hvert fald vil jeg drik-
ke så meget cola og spise så mange burgere, jeg
kan, i den nærmeste fremtid for at styrke disse
aktører (Boeing har jeg ikke råd til at handle
med).

Det kan også være, at aftalen er en pris, vi må
betale, for at Trump kan 'vise' sig og bryste sig af
straks at have overholdt et af sine valgkampsløf-

ter. Endnu ved vi dog ikke, om Trumpfesten stopper der.

Så er der de inter-imperialistiske rivninger at håbe på. Lenin er skyld i meget ondt, men netop den slags havde han blik for, og alle kneb gælder, når det er frihandelsaftaler, der er i fare. Hvis USA bygger told- og afgiftsmure, vil andre lande formentligt følge trop – eller øge disse indbyrdes samarbejde. Det kan få store konsekvenser for den amerikanske økonomi og måske fremprovokere en robust opposition mod Trumps idéer på den hjemlige politiske scene.

De seneste næsten 28 år (fra den kolde krig sluttede i 1989) har været en ujævn sejrsmarch for blandingsøkonomien (set som en fornuftigt reguleret markedsøkonomi) og demokratiet, selv om der også er stærke interesser i mod. Man kan ikke bare sætte sig bag sit skrivebord og vente på, at sejrsmarchen fortsætter. Det viser voldelig grupper i Mellemøsten tydeligt, men der er også mange i den vestlige verden – som de, der stemte på Trump eller for Brexit – der vil noget andet. Et spinkelt håb er, at det er disse gruppers sidste krampetrækninger, der slår igennem med Trump som 'en anderledes' og 'frisk' type. Det betyder imidlertid, at den nye verdensorden, som vi har set den siden 1989, skal en grueligt masse igennem, før den får stabiliseret sig igen.

Endelig kan man fæste sin lid til de strukturelle begrænsninger og satse på, at USA er en så stor og ressourcefuld magt, at der er (menneskeligt) potentiale til at sætte en stopper for den vej, som Trump udmalede i sin valgkamp. Man skulle forvente, at Trump-politikken kan opmuntre selvransagelse i hos både demokrater og republikanere i forhold til at kæmpe for større sager end egen kage, og at mange fornuftige embedspersoner vil gøre deres bedste i dialogen med Trump-politikerne.

Storhjernens fornuftbaserede optimisme sluttede med at konkludere, at verden *kan* leve uden TPP-aftalen, og at alt håb endnu ikke er ude. Donald Trump har forsøgt at modarbejde en af den aktuelle verdensordens kerneværdier: frihandel. Spørgsmålet er, om det er et stort skvulp eller begyndelsen på verdensordenens fallit. Det kan vi ikke vide efter et enkelt dekret, men det er kræver både Lenin, pussyhatte og Machiavelli at bevarer optimismen – og søgen i sjælen.

Trump slog noget af USA's lederrolle på plads i tale (2017)

Ritzau: 21. Maj.

I Riyadh fik Donald Trump sagt, at USA stadig er leder - også i Mellemøsten, pointerer lektor. En styrket indsats mod IS og en beroligende svada mod Iran var blandt Donald Trumps hovedbudskaber i Riyadh.

USA's præsident, Donald Trump, har fået slået noget af landets rolle som stormagt fast under en tale til ledere fra arabiske og muslimske lande i Saudi-Arabiens hovedstad, Riyadh.

Det vurderer lektor Birthe Hansen, der forsker i amerikansk udenrigs- og sikkerhedspolitik ved Institut for Statskundskab på Københavns Universitet.

Trump har hidtil - i modsætning til sine forgængere i Det Hvide Hus - ikke brugt udtryk som "amerikansk lederskab" om USA's plads i verden.

- Han fik både sagt, at USA er størst og stærkest. Og det var der (i Riyadh, red.), at det skete. Så han fik faktisk sagt, at USA stadig er leder - også i Mellemøsten, siger Birthe Hansen.

- Det var bemærkelsesværdigt, tilføjer hun.

Præsidenten talte i 45 minutter foran lederne på sit første udlandsbesøg. Donald Trump har tidligere holdt utraditionelle og til tider usammenhængende taler.

- Det var i øst og vest, og der var nogle svulstigheder, siger Birthe Hansen.

- Men derudover kom han meget klart igennem med sine budskaber.

Blandt hovedbudskaberne var en styrket kamp mod Islamisk Stat, hvor USA leder en koalition af styrker i Syrien og Irak mod jihadisterne.

- Han vil gerne have, at de arabiske allierede bidrager noget mere, siger Birthe Hansen.

Samtidig gik Donald Trump hårdt til Iran. Han anklagede landet for at sprede terror og krævede en boykot.

- Alle lande må isolere dem, sagde han.

Det handlede for præsidenten om at betrygge deltagerne på topmødet, fortæller Birthe Hansen.

- Han ville berolige dem i forhold til, at USA ikke er ved at skifte side til Iran - og sige til Iran, at de ikke har fået en blankocheck, selv om man har lavet en atomaftale med dem, siger hun.

Og der var flere fornuftige pointer under talen, understreger lektoren.

- Der er noget fornuft i at sige til de arabiske allierede, at de må bidrage noget mere - ligesom han også har sagt til europæerne i Nato, siger Birthe Hansen.

Spørgsmålet er, hvor meget handling præsident Trump får lagt bag sine ord.

- Det er svært at sige, svarer Birthe Hansen.

- Han har foreløbigt vist, at han i et begrænset omfang har været villig til at handle, siger hun. Det skete, da amerikansk militær sendte missiler mod en luftbase i Syrien som modsvar på et formodet angreb med giftgas mod civile i det borgerkrigsramte land, som regimet ifølge USA stod bag.

- Men amerikanske præsidenter står altid deres prøve, når der sker noget voldsomt i regionen. Og det her var en tale, hvor han selv kunne ligge vinklen, så vi må se, når der sker noget mere alvorligt, tilføjer lektoren.

Det vil derfor også være forventeligt, at USA, hvis disse konkurrencebetingelser fortsætter, vil forsøge at få andre til at bidrage til indsatsen i regionen, og at råderummet vil påvirke graden af indsats.

Den næste præsident

For den kommende præsident i USA bliver der nok at tage fat på. Den vigtige udløsende faktor for amerikansk mellemøstpolitik, udviklingen i regionen, ser ud til at være i omdrejninger.

Det arabiske forår er ikke slut, demokratiseringsprocesser er i gang – men skrøbelige, og de regionale konsekvenser af dets foreløbige forløb er uafklarede. Der venter styrkeprøver og, måske, allianceskift og nedbrud. Den storpolitiske kontekst er også under udvikling med det grænseafprøvende Rusland og det strategisk vigtige Kina i vækst.

Man kan derfor helt overoverordnet forvente, at USA vil reagere på disse udviklinger for at befæste den aktuelle verdensorden, men at man vil gøre det i lyset af at pacificere Rusland for at hellige sig udfordringen fra Kina.

Slagmarker mod syd (2017)[6]

For 25 år siden var de fleste bøger om Mellemøsten og den arabiske verden mest for fagfolk og særligt interesserede. I dag myldrer det frem med både bøger og anden information med et bredere perspektiv, samtidigt med at også nye områder opdyrkes. For nylig er der kommet to spændende udgivelser på dansk: *Arabernes historie* af Eugene Rogan og antologien *Langt fra Vestfronten – Første Verdenskrig i Middelhavsområdet*, der er redigeret af Niels Arne Sørensen og Uffe Østergård.

Det er fortjenstfuldt af Kristeligt Dagblads Forlag at udgive *Arabernes historie* oversat til dansk. Den er på 740 sider og dermed noget af en mursten – faktisk forsvandt min mobiltelefon, som jeg havde brugt som bogmærke i den, en halv dag under læsningen. Ligeledes er det fortjenstfuldt af Sørensen og Østergård at sætte fokus på Første Verdenskrig og Middelhavsområdet. Emnet rummer masser af stof til selvstændig behandling, og kombinationen på dansk er ny.

---

[6] Anmeldelse af: Eugene Rogan: *Arabernes historie – fra Osmannerriget til det arabiske forår*. København: Kristeligt Dagblads Forlag, 2017. 740 sider og Niels Arne Sørensen og Uffe Østergård (red.): *Langt fra Vestfronten – Første Verdenskrig i Middelhavsområdet*. København: Forlaget Orbis, 2015. 239 sider.

Begge bøger rummer masser af læseværdigt stof, men rejser også diskussioner – som det nærmest er hovedreglen med udgivelser, der behandler stof fra Mellemøsten.

Arabernes historie

Den britiske Oxford-professor, Eugene Rogan, har valgt at opdatere et af sine hovedværker (der oprindeligt er fra 2009, så det nu rækker fra Osmannerriget sene faser til og med det arabiske forår. Det lyder umiddelbart som en god idé, da de seneste 25 år, herunder det arabiske forår, har bragt store og vidtrækkende forandringer til regionen. Desværre er det den ubetinget svageste del af bogen, og han skulle nok have holdt sig til det område, hvor han er virkelig kender og anerkendt, nemlig osmannertiden. Her har Kristeligt Dagblads Forlag i øvrigt allerede udgivet en glimrende 'mursten' fra hans hånd, *Osmannerrigets fald*.

Arabernes historie lægger hovedvægten på arabernes udfordring af det osmanniske styre, koloni- og mandatområdetiden og arabisk nationalisme. Om de første arabiske nationalister skriver Rogan, at de "stod over for næsten uoverstigelige forhindringer. Den osmanniske stat var overalt og slog nådesløst ned på ulovlig politisk aktivitet ... Det ville kræve en enorm omvæltning at løsne osmannernes greb om den arabiske verden. Første verdenskrig blev den omvæltning (p. 210). Osmannerigets sammenbrud efter nederlaget i Første Verdenskrig, gav plads til løsrivelse, grænseændringer og efter freden også til britiske og franske mandatområder. Både briter og franskmænd mødte større arabiske modstand og nationalisme i mandaterne end forventet, og efter Anden Verdenskrig måtte de, også efter egen svækkelse som følge af krigen, opgive disse. Eugene Rogan skriver tørt: "Den eneste flig af trøst for briterne var, at deres kolonirival Frankrig ikke havde klaret sig bedre i sine arabiske besiddelser" (p. 297).

De arabiske prøvelser var dog ikke forbi med mandatområdernes ophør, da FN i stedet vedtog delingsplanen for Palæstina. Der blev sagt nej tak til den palæstinensiske del, mens Israel accepterede og udråbte sig som stat i 1948 på det område, som FN's delingsplan angav. Derefter angreb fire arabiske hære Israel. Ifølge Rogan mislykkedes angrebet, fordi de arabiske hære var små og uprøvede i 1948. Han kommer også ind på den arabiske splittelse. Disse to forhold er væsentlige for at forstå, hvorfor arabstaterne, der havde taget en beslutning om at angribe en ellers anerkendt helt ny stat, tabte som Goliat til David. Drømmen om at omgå FN's beslutning om en Israelsk stat og dele byttet mellem sig var større end realitetssansen.

Rogan beskriver også, hvordan den dårlige beslutning om den miserable krigsførelse udløste pres på de siddende arabiske ledelser i de angribende lande. Trods dette kan Rogans beskrivelse – med rette – opfattes som stærkt partisk og selektiv i forhold til Israel. Hans ærinde har imidlertid været, som titlen siger, at skrive den *arabiske* historie. Det er også fair nok, da man næppe kan skrive om hele verden, end ikke om en enkelt regions historie, på én gang. Udvælgelsen kræver imidlertid, at man enten har nogle forbehold eller nogle faste, eksplicitte kriterier for metode og udvælgelse af materiale. Dette kunne Rogan have gjort en del mere ud af.

Valget af fokus på arabernes historie bygger på de fællestræk, der trods alt er i den arabiske verden, herunder, den massive eksterne indflydelse gennem tiderne. Man kan dog også gennem læsningen få en fornemmelse af de mange forskelligheder, stridigheder og konflikter, der har været blandt de arabiske folk og stater, som er nok så vigtige, hvis man skal forstå, hvorfor der er blevet plads og mulighed for den eksterne indflydelse.

Værkets sidste kapitel (14) hedder "Efter den kolde krig". Kapitlet burde ikke have været med, da det helt klart ikke er samtidshistorie, der er Rogans speciale. Kapitlet er præget af Rogans egne fortolkninger, som fremstår som meget 'hårde' fortolkninger, der er trukket meget langt.

Den slags kan risikere at svække tilliden til en fremstilling. Her skal gives tre eksempler fra blot en enkelt side (p. 638)!

Den omtalte side befinder sig i fremstillingen af, hvad der skete efter Operation Ørkenstorm i starten af 1991, hvor en stor international koalition samlet og ledet af USA på FN-mandat tvang Irak ud af Kuwait. I nederlagets stund, hvor Saddam Hussein-regimet syntes svækket, gjorde de irakiske kurdere og shiaer i syd oprør.

For det *første*: "Amerikanerne tilbød hverken støtte til kurderne eller shiamuslimerne, selvom de havde opfordret irakerne til at gøre oprør. I stedet vendte Bushadministrationen det blinde øje til", da de irakiske kurdere i den nordlige del af landet blev angrebet og forfulgt af Saddam Hussein-regimet. Faktisk havde daværende præsident Bush meldt ud, at oprør måtte irakerne *selv* klare[7] - ikke at man ville støtte det, og USA vendte ikke det blinde øje til, men spillede en stor rolle i den flyveforbudszone, der skaffede kurderne hjælp og udstrakt autonomi.

---

[7] President Bush sagde i februar 1991 således: "That is for the Iraqi military and the Iraqi people to take matters in their own hands, to force the dictator Saddam Hussein to step aside". http://www.nytimes.com/1991/02/16/world/war-gulf-bush-statement-excerpts-2-statements-bush-iraq-s-proposal-for-ending.html

For det *andet*: "Stillet over for en enorm humanitær katastrofe, som de selv var ophavsmænd til", skriver Rogan anklagende om amerikanerne i relation til Saddam Husseins forfølgelse af de irakiske kurdere i den nordlige del af landet i kølvandet på regimets nederlag. Dette er både ikke rigtigt og en sammenblanding af holdning og forløb. Det var Saddam Hussein-regimet, der havde skabt katastrofen ved at lægge sig ud med hele det internationale samfund og dets regler, og det var regimet, der valgte at angribe og forfølge kurderne (hvilket typisk er blevet fortolket som et forsøg på at bevare magten i nederlagets stund). Regimets forfølgelse er kurdere var ikke ny jf. Anfal-kampagnen i 1988, hvorunder der blev brugt kemiske våben i Halabja.

For det *tredje*: "Efter det var mislykkedes at vælte Hussein med militære midler…". USA kunne nemt have væltet Saddam Hussein-regimet med militære midler, men valgte under etableringen af den nye verdensorden at holde sig til FN-mandatet (der stoppede før Bagdad!) og opbakningen fra den store koalition. USA havde gerne set regimet falde, men prioriterede at holde øje med Sovjetunionen i opløsning, tysk genforening og, hvad der her især er relevant, at knæsatte regler i den nye verdensorden, som at man ikke må tage små naboer, fordi de har noget, man gerne vil have.

Som Oxford-professor skriver Rogan sig ind i en tradition med masser af historiske detaljer og stor passion for sit emne. Han skriver sig dog også ind i to andre traditioner, der ofte ses i UK: en politisk, hvor der fokuseres på det arabiske perspektiv, og en essayistisk. UK var blandt de 10 FN-medlemmer, der stemte mod FN's egen delingsplan for Palæstina i november 1947. Den politiske sympati for den arabiske verden relaterer sig både til historiske grunde og samhandelsmæssige hensyn.

Det er også et britisk stiltræk at skrive mere essayistisk, end det er tilfældet i USA og på det europæiske kontinent. En essayistisk stil kan nogle gange give sig udslag i manglende kriterier for udvælgelse af emner og kilder, samt for at historiske fakta nogle gang enten hober sig planløst op eller blandes vilkårligt med forklaringer. Dette er bestemt ikke uset, men i en historisk fremstilling må man forvente noget andet. Til gengæld er Rogans værk velskrevet og underholdende, hvilket jo bidrager til, at man faktisk får det læst, og det rummer masser af spændende historiske pointer og oplysninger.

Blandt konkurrerende titler på markedet om arabisk historie er den første af de to nærmeste nok *A History of the Arab Peoples*, der er skrevet af Albert Hourani, en nu afdød britisk forsker med libanesiske rødder. Dette, lidt ældre værk, fremstår stadig som dækkende. Det andet er Bernard Lewis' velskrevne *Mellemøstens historie i de seneste 2000 år*, der i 1998 blev udgivet af Gyldendal i en (lige så velskrevet og letlæst) oversættelse af Helle Lykke Nielsen. Lewis' værk er imidlertid mere problemorienteret, 'topical' som amerikanerne siger, og efter manges smag pakket for tæt ind i en kulturel fortolkningsramme. Det giver imidlertid et bud på, hvorfor den muslimske verden kunne rejse sig og århundreder senere kom i dyb krise. Eugene Rogans værk udgør dermed den tredje mulighed, der nu også rækker bredere ud i en dansk oversættelse. Værket rummer således som nævnt både fordele og ulemper som bog. Og det er glædeligt, at valgmulighederne er blevet flere, og der er tilbud til forskellige smag og behov.

Første Verdenskrig i Middelhavsområdet

Hvor Eugene Rogan bruger en traditionel tilgang med vægt på den arabiske verden (og dermed tager udgangspunkt i sprog, religion og kultur), vælger Niels Arne Søren og Uffe Østergaard i deres antologi en mere utraditionel tilgang, hvor de sætter fokus på Middelhavsområdet, herunder Bulgarien og Armenien (der omkring Første Verdenskrig var anderledes afgrænsede). Antologien er udarbejdet med en bred vifte af forfattere med forskellige tilgange og baggrunde. På den måde får man både nedslag og søslag! Redaktørerne fremhæver i indledningen, at de lægger vægt på krigens politiske historie og de store konsekvenser, den havde for middelhavslandene.

Antologien rummer en indledning og 19 korte, fokuserede og formidlende bidrag. Hvis man vil have en længere og kronologisk fremstilling, kan man f.eks. læse videre i David Fromkins detaljerige monografi *A Peace to End all Peace* om Første Verdenskrig og skabelsen af det moderne Mellemøsten, men det kræver god tid! I antologien får man til gengæld meget foræret: næsten alle kapitlerne yderst læseværdige, går til sagen og formidler det vigtigste om deres emne, Her skal fremhæves nogle stykker, men mange kunne have været nævnt.

'Grækenlands lange første verdenskrig' af Mogens Pelt omhandler Grækenlands frigørelse fra Det Osmanniske Rige, 'den store idé' om græsk samling, og 'den store splittelse' om alliancetilhørsforhold under krigen. Den korte og koncise artikel starter med, hvordan en lille del af det nuværende Grækenland i 1830 blev anerkendt som stat efter at have været den første af slagsen, der rev sig løs fra Osmannerriget. Dette gav næring til at se løsrivelsen som første skridt mod at samle græskortodokse i området og fremme en national identitet, kendt som 'den store idé'.

Under Første Verdenskrig måtte Grækenland forholde sig til, om man skulle vælge Ententen eller en form 'neutralitet'. Dilemmaet førte til 'den store splittelse', der opstod som en konflikt mellem kongehuset, der hældede mod Tyskland og en slags 'neutralitet', og premierminister Venizelos, der hældede mod Ententen. Et senere militærkup udfordrede kongen og delte landet. Derefter deltog Grækenland i Ententens Makedonien-offensiv. Under Versailles-forhandlingerne besatte Grækenland med stormagternes tilladelse og støtte et område i det vestlige Lilleasien omkring Smyrna, som de håbede senere at kunne annektere. Da tyrkiske styrker imidlertid senere besejrede den græske hær og fordrev græskortodokse fra Lilleasien tog et Venizelos-tro militærregime magten i hele Grækenland, henrettede modstandere og ændrede styret. Mogens Pelt slutter kapitlet med at anføre, at den store splittelse, og de dybe sår i græsk politik, den medførte, varede helt indtil, at Anden Verdenskrig skabte en ny splittelse mellem kommunister og systemtro, der udviklede sig til borgerkrig og varede til den militærjunta, der havde siddet siden 1967, faldt 1974. Stor respekt for denne formidling af noget af det mest komplekse stof fra Første Verdenskrig. Kapitlet giver både overblik og forklarer forløbet.

Mogens Pelt er også forfatter til kapitlet 'Det armenske folkedrab'. Kapitlet giver et fint overblik over 'det armenske spørgsmål' og de grusomhe der, der blev sat i værk i foråret 1915 mod armeniere i Det Osmanniske Rige. Udførelsen beskrives for at vise, at der var tale om et egentligt folkedrab jf. kriterierne i FN's folkedrabskonvention frem for, som f.eks. Tyrkiet hævder, et led i krigshandlinger. Det slutter med overvejelser om, hvorfor Tyrkiet hidtil har nægtet at benævne grusomhederne som folkemord. Det er imidlertid ikke kun Tyrkiet, der har nægtet dette. Kapitlet kunne derfor være blevet endnu bedre, hvis denne diskussion havde været mere udfoldet og medtaget, hvorfor så mange andre regeringer end den tyrkiske har afstået fra at bruge benævnelsen.

I kapitlet 'Storbritannien i Mellemøsten af Uffe Østergård og Niels Arne Sørensen får man et destilleret overblik over den britiske tilgang til Det Osmanniske Rige under den Første Verdenskrig med vægten på briternes 'imperiale blik'. UK så den osmanniske trussel i et større perspektiv som en trussel mod frihandel, søveje og det verdensomspændende imperium. Selv om Det Osmanniske Rige var under opløsning og havde mistet besiddelser, dominerede Riget stadig Mellemøsten og truede de britiske søveje. Forfatterne slutter kapitlet med at konkludere, at briterne sejrede til sidst, og at "[F]orbindelsen til Indien blev holdt åben, men prisen var høj. Mellemøsten var ikke en sekundær krigsskueplads, men helt afgørende for udfaldet af verdenskrigen" (p. 165).

Derudover er der kapitler om Osmannerriget og dets vej til Første Verdenskrig, krigens konsekvenser for landene i den vestlige del af Middelhavet, Gallipoli-felttoget, søkrigen i Middel- og Sortehavet, den tyrkiske debat om sejren ved Gallipoli-fronten, samt diskussioner af myter om Lawrence of Arabia og Gavrilo Princip.

Helhedsindtrykket er, at *Langt fra Vestfronten – Første Verdenskrig i Middelhavsområdet* er en meget vellykket antologi med kontante og læseværdige kapitler. Oven i købet i et meget læsevenligt bogformat.

USA's nationale ferskvandsstrategi (2018)

Donald Trump satser på at blive en stor gedde i den hjemlige dam, og gambler med den langsigtede lederrolle i forhold til resten af verden. Det er i hvert fald det indtryk, man får, når man læser den første nationale sikkerhedsstrategi i Trumps embedsperiode. Strategien, der kom lige før jul (2017), havde en 'landfast' tilgang til verden, hvor USA's nationale perspektiv sættes højere end det internationale, men fastholder et syn på USA som verdens mest magtfulde politiske aktør.

Nu ligger det uden for selv USA's muligheder at styre verdens gang, og det har hidtil vist sig, at landets sikkerhedspolitik i høj grad bestemmes af, hvad der sker ude i verden. Præsidenter er gået til valg på at ville en ting, men har måttet gøre det modsatte. George Bush, f.eks., ville helst satse på indenrigspolitikken, men endte med at føre to krige efter 9/11. Så visionerne i strategipapiret kan komme til kort.

Alligevel er det et interessant dokument. I den nationale sikkerhedsstrategi præsenterer den amerikanske regering sine overordnede sikkerhedspolitiske overvejelser og mål. Den sender dermed signaler om prioriteringer såvel som om, hvordan USA opfatter både sig selv og andre.

Man kunne forvente, at der ville være nyheder i strategien. USA har stadig en førerposition målt på sin samlede styrke i forhold til andre, men siden sidst, er Kina blevet økonomisk stærkere og mere selvbevidst, og Rusland er begyndt at være ud til bens i sit nærområde og Mellemøsten. Samtidig er Trumps vælgere utilfredse med den hidtidige linje. Endelig bobler det med borgerkrige, stater, der kører frihjul, og andre problemer. Tilsammen tilsiger dette politikændringer, og Trump-regeringen har måttet imødegå disse i et vanskeligt manøvrerum.

Så strategipapiret var ventet med spænding. Heldigvis blev det ikke lanceret på Twitter, men blev lagt på nettet i en pdf-udgave. Det gør det letterne at sammenligne det med både tidligere sikkerhedsstrategier og Trumps udmeldinger det seneste år. Hvad er nyt, hvad er gammelt, og hvad siger dokumentet om USA's forventede rolle?

Det *første*, der springer i øjnene, er, at skribenterne bag må have haft en mere klassisk, eller ferskvandsrealistisk om man vil, teori i baghovedet, da de satte sig til pc'eren end de tidligere. Ferskvandsprædikatet er et låneord fra en økonomisk sammenhæng (se Ove Kaj Pedersens bog *Konkurrencestaten*) og dækker her over det indre USA's fokus på udbud og nationale dynamikker, f.eks. i Chicago-miljøet. Modsætningen er saltvandsfolket, som man finder især i de store byer på USA's øst- og vestkyst. Når det gælder international politik er disse typisk mere internationalt orienterede, og ser USA ude midt i en stor verden i stedet for som en midte, der er omgivet af en stor verden.

Ferskvandsrealismen dukker op i strategipapiret ved, at USA sættes først, et mere kritisk syn på de allierede, at Rusland og Kina omtales som "revisionistiske" stater, og ved vægtningen af de kortsigtede mål frem for de mere overordnede og langsigtede. Et eksempel er, at USA skal stilles bedre i de direkte handelsaftaler frem for at skabe et generelt gunstigt miljø for USA's og verdenshandelen. Dette er i modsætning til det alternative syn, som fremføres bl.a. af de amerikanske New Hampshire-forskere Stephen Brooks og William Wohlforth i bogen *America Abroad*, nemlig at USA's handel og alliancer med omverdenen faktisk er en fordel for netop USA.

Når det gælder de allierede, skal dette forhold også give umiddelbart pote, og de skal løbende bevise, at de er omkostningerne værd, frem for at være en langsigtet investering, så man har lidt snor i udviklingen og måske kan inkassere en tjeneste, når det gælder. I den akademiske verden er f.eks. Chicago-professorerne Stephen Walt og

John Mearsheimer fortalere for den kortsigtede betragtning, at allierede umiddelbart skal kunne betale sig. De har fremsat deres synspunkt i flere sammenhænge – at USA skal holde sig mere hjemme. Mest markant er det kommet til udtryk i deres i øvrigt kontroversielle bog *The Israel Lobby*, hvor de argumenterer for, at USA's forhold til Israel simpelthen er spild af ressourcer.

Strategidokumentets ordvalg og baggrundsanalyse adskiller sig således fra tidligere og favoriserer i højere grad 'ferskvands'fløjen i den akademiske og politik debat i USA. I forhold til udfordringer og prioriteringer er der også forskelle til forrige strategier og Trumps hidtidige udmeldinger.

Det *andet*, der er bemærkelsesværdigt, er vægten på, at nu udgør både Rusland og Kina udfordringer for USA. Det er måske ikke så sært, at Rusland er blevet 'forfremmet' til udfordring efter annekteringen af Krim og fremfærden i Syrien. Især ikke, når man tager Ruslands atomslagstyrke i betragtning. Til gengæld kan det undre lidt mere, at Rusland er sat på linje med Kina, der på længere sigt udfordrer USA's position i verdenspolitikken, mens Rusland mere er en regional sten i skoen set fra Washington, og er økonomisk og politisk for svag til at være en egentlig rival.

Omvendt er Indien kommet med i toppen af nøgleområder for USA. Indo-Pacific-regionen har afløst Kina her. Mange har gennem årene kritiseret USA for at lægge for lidt vægt på Indien, men dette er ændret: nu er Indien sidestillet med Kina som fokusområde.

Mellemøsten er stadig med på listen over nøgleområder, men er nu på en uspecificeret tredjeplads.

Blandt temaer, der fremhæves som trusler, er Nordkorea, jihadister, øvrig organiseret kriminalitet, angreb med masseødelæggelsesvåben, cyberangreb, samt katastrofer. Det er naturligt i lyset af udviklingen, at Nordkorea, cyberangreb og organiseret kriminalitet har fået så høj prioritet. Nordkoreas tests, cyber-udviklingen og den organiserede kriminalitets osmose med cyberangreb og terrorisme gør dette naturligt.

Til gengæld af truslen fra *spredning* af masseødelæggelsesvåben blevet erstattet med truslen fra *angreb* med disse. Dette kan tolkes på to måder. Som et tilbagetog, hvor USA har opgivet at stoppe spredning, eller som en erkendelse af, at angreb er blevet risiko, og derfor bør vægtes højere.

Klimaet er til gengæld ikke med som en stor udfordring. Dette er i modsætning til den forrige strategi, men helt i tråd med Trumps hidtidige politik, herunder hans dekret om udtræden af Paris-aftalen.

Militæret skal styrkes. Strategipapiret går ikke i detaljer hermed, da den militære dimension efter traditionen omtales i et andet papir, i den nationale militære strategi. Det fremgår dog, at USA skal kunne være overlegen, sikre sine grænser, og modernisere sin atomslagstyrke, så den imødekommer fremtidige behov.

Gennem strategidokumentet ser man i stedet, at der lægges stor vægt på økonomien, og først og fremmest på den amerikanske. F.eks. hedder det, at "America will no longer tolerate chronic trade abuses". Dette er en usædvanlig stærk formulering – at USA decideret opfatter sig som udnyttet i handelsforhold. Dette er givetvis en hilsen til Trumps vælgere, der formentlig har følt sig glemt under Obamas store armbevægelser om fred og religiøs samdrægtighed. Pointen er således forskellig fra formuleringerne i tidligere sikkerhedsstrategier, men helt i tråd med Trumps hidtidige meldinger.

Det *tredje* element i sikkerhedsstrategien er signalerne om USA's plads i verden. Det har længe været diskuteret, både i Danmark og internationalt, om USA har givet op som enesupermagt og er blevet udmanøvreret af især Kina. I givet fald vil man forvente, at strategien fremstår som et retrætedokument, hvor USA giver udtryk for formindskede ambitioner. Og hvor USA's allierede skal overveje, hvem der får et dødskys, som da Sovjetunionens Mikhail Gorbatjov besøgte sin østtyske ven Erich Honecker – og afskrev ham. Det er dog langt fra alle, der har afskrevet USA endnu, og i givet fald kan man kigge efter, om strategipapiret giver udtryk for USA's stilling som hidtil. Eller, som en midlertidig løsning på en mindre krise, om der er elementer af at ville vinde tid og trække sig lidt hjem, mens man i stedet investerer i fremtiden. Langt hen ad vejen kan man sige, at dette var, hvad præsident Clinton gjorde (når han havde tid) i 1990'erne. Han satsede på at begrænse USA's internationale engagement, mens han reparerede de amerikanske budgetter efter den kolde krig.

Der er ikke noget i den aktuelle sikkerhedsstrategi, der udtrykker, at USA har givet op, eller prøver at placere sig på en helt ny måde. Det fremhæves stadig, at USA skal fremme sine værdier, hvilket vil være godt for hele verden, og at USA som økonomisk lokomotiv kan sprede velstand til flere. Oven i købet er der mere vægt på USA som leder, end Trump hidtil har givet udtryk for – dog ikke så meget, som i de forrige strategier. Grunden til, at det amerikanske militær skal styrkes, er, ifølge strategien, at det skal sikre USA's stilling som 'second to none'.

Værdimæssigt skal amerikanske værdier spredes, ifølge dokumentet. Vægten lægges således på 'amerikanske', og fremstilles mindre visionært end i de forrige versioner. Værdierne fremstilles imidlertid som stort set de samme; de er blot i højere grad blevet 'amerikaniserede'.

Til gengæld giver strategipapiret udtryk for, at USA har mistet noget forspring. USA skal 'genskabe sine fordele', 'genskabe respekten' for USA, og gøre USA mere robust.

Disse formuleringer tyder på, at USA stadig opfatter sig selv som ledende, men i en lidt mindre udgave, hvor der skal ydes mere for at være på forkant. Der skal vindes tid, og blikket skal vendes mere indad. Dette skal sammenholdes med, at strategidokumentet ikke eksplicit omtaler USA's globale lederskab, som det er blevet gjort i tidligere strategier.

Den nationale sikkerhedsstrategi er jo i princippet kun skrift og tale, men den er et vigtigt signal til hele verden om, hvad USA satser på. Alligevel skal den skal den vurderes i forhold til USA's handlinger. Og under præsident Trump er de stadig inkonklusive. På den ene side tyder hensigterne om at ville investere massivt i amerikansk infrastruktur, at gøre USA mere robust, og katastrofesikring på, at man vil styrke USA. På den anden side tyder presset på de mindre privilegerede amerikanere i form af sygesikringsproblematikken og skattereformen på, at Trump-regeringen risikere at tabe en talentmasse på gulvet, der kunne have bidraget til at styrke USA på længere sigt. Og udmeldingerne til en række befolkningsgrupper hjemme i USA risikerer at udfordre den amerikanske sammenhængskraft, der også er en vigtig international konkurrenceparameter.

Betragtningerne om, at der skal lægges pres på andre lande, for at de skal yde mere, er set før, men nu forstærkes de. Præsident Trump ønsker ikke, at andre skal ligge i ly af den hidtil relativt fredelige verdensorden og bygge sig op på USA's bekostning. Spørgsmålet er så, om hans regering kan finde en passende balance, uden at USA holder så meget igen med 'omkostninger' og indsatser, at problemerne vokser sig så store, at USA ikke længere kan gøre sig gældende, og andre vinder frem på USA's bekostning. Det skete i Mellemøsten, hvor Rusland vandt frem (og formentlig også andre steder), da Barack Obama løb fra sin røde linje og løftet om at gøre noget seriøst, da der blev brugt kemiske våben i Syrien.

I det hele taget begyndte indskrænkningen af USA's internationale lederskab under præsident Obama – mest markant med den tøvende politik i forhold til borgerkrigen i Syrien. Der var mange gode grunde: manglen på støtte på jorden og partnere, efterdønninger fra finanskrisen, krigstræthed i USA efter Bush-regeringernes krige i

Afghanistan og Irak. Ikke desto mindre betød Baracks Obamas politik, at USA's troværdighed blev formindsket, og at andre drog fordel af politikken til selv at vinde frem.

Trump-regeringen fører i papiret den linje endnu længere ud, og gør det med
en mindre raffineret sprogbrug. Trumps politik, som den fremstår i strategipapiret, afspejler imidlertid en enesupermagts evige dilemma som nævnt oven for. Fører man sig for meget frem, er det dyrt, og man får uvenner. Holder man sig for meget tilbage, mister man indflydelse til andre. Det kan være absolut fornuftigt at vende blikket indad i en periode for at spare op og 'genskabe' sin styrke til senere brug. I det tilfælde er problemet at finde grænsen for, hvornår man satser for lidt. Det lykkedes til dels for præsident Clinton at finde den grænse, men i 1990'erne befandt USA sig også i et gunstigere internationalt klima. Hvis Trump skal finde grænsen, stiller det store krav til både, hvad der sker internationalt, og til, om USA kan præsentere nogle konkrete politikker, der kan fylde overskrifterne ud.

Det største problem i det aktuelle strategidokument er formentlig USA's forhold til sin egen lederrolle. Der er udsagn om udfordringer, som det jo er meningen, der skal være. Men der mangler positive udsagn om, hvor USA ønsker, at verden skal hen, og dermed en vision, der kan deles og diskuteres. Og som ville løfte strategipapiret til et, der kom fra en ledende supermagt.

I stedet er essensen i forhold til tidligere, at der skal rettes op på ting som handelsbalancer og byrdefordeling med allierede, så USA's egne interesser bliver bedre tilgodeset og kortsigtede mål indfriet. Alt i alt afspejler den nye nationale sikkerhedsstrategi et USA som enesupermagt, der vil genvinde tabt terræn og genopbygge sit magtforspring. Præsidenten fremstår derfor som et stor fisk i sin egen ferskvandssø, snarere end som en kaptajn på de store have.

Bilag:

Mellemøsten i opbrud[8]

Efter afslutningen på Den Kolde Krig oplevede verden en omfattende demokratiseringsbølge, der dog ikke umiddelbart kom til at omfatte Mellemøsten. Det fik mange til at lede efter træk ved regionen, som forhindrer udvikling af demokrati. F.eks. mente den amerikanske demokratiforsker Samuel Huntington, at den islamiske civilisation i sig selv rummer forhindringer herfor (Huntington 1996). Desuden oplevede Mellemøsten en økonomisk nedtur i 1990'erne, befolkningerne og arbejdsløsheden voksede, og efter terrorangrebene den 11. september 2001 kom regionen i søgelyset som udgangspunkt for terrorbevægelser. Det gik kort sagt ikke godt. Efter krigen i Irak og Saddam Hussein-styrets fald i 2003 har Mellemøsten imidlertid oplevet en række forandringer.

---

[8] Redaktionel note: udgivet af Atlantsammenslutningen (København, 2005). Skrevet af Birthe Hansen og Carsten Jensen. Da Birthe og jeg begyndte at arbejde sammen om mellemøstlige emner, bibragte Birthe mest. De sikkerhedspolitiske og de specifikt mellemøstlige temaer stammede især fra hende. Den stigende toning med demokratiseringstemaet set i forhold til Birthes tidligere arbejder, kan forsigtigt opfattes som mit særlige bidrag. Mao.: 2/3 Birthe, 1/3 Carsten. Tekstens form og tematik skylder vores fælles kurser på Folkeuniversitetet i København en hel del.

Regionen er i opbrud, og der er kommet forhåbninger om bedre tider for Mellemøsten.

Demokratisering er en mulig udviklingsvej, men det er en vanskelig vej, og det er ikke den eneste. Ved siden af de demokratiske tiltag har der været vold og konflikter i Irak. Regionen står også over for en række andre forandringer: Magtbalancen mellem staterne er blevet ændret, aldrende ledere står over for afløsning, og de mellemøstlige civilsamfund begynder at røre på sig. I *Mellemøsten i opbrud* har vi forsøgt at beskrive nogle af barriererne og potentialerne i den regionale forandringsproces[9]. I en globaliseret verden foregår forandringsprocesser i et tæt samspil med omverdenen, og derfor er den internationale dimension også taget med som en del af udviklingen.

Det er karakteristisk, at demokratiseringsprocesser kan være skrøbelige. Når de gamle magtforhold forsvinder, og befolkningsgrupper står over for hinanden uden erfaringer for, hvordan man bygger nye, er der basis for konflikter. Nogle grupper reagerer med frygt, og andre handler udelukkende med tanke på hurtige gevinster for dem selv. Når den politiske kultur skal ændres, er der naturligvis risiko for at ting går galt. Hertil kommer etniske og religiøse spændinger, samt spændingerne mellem traditionelle klan- og fami-

---

[9] Forfatterne takker Ali Alfoneh, Søren Bach og Torben Jensen for nyttige kommentarer.

liemønstre og moderne demokratisk organise-
ring. Derfor er udviklingen i Mellemøsten usikker
og sårbar. Omvendt ser det ud til, at Huntingtons
tese, om at den islamiske civilisation ikke rummer
demokratiske potentialer (Huntington 1996),
allerede har mistet sin forklaringskraft. Godt nok
kunne Mellemøsten kunne ikke selv sætte en de-
mokratisk udvikling i gang og demokratiseringen
måtte forsøges iværksat udefra (Mozaffari 2005).
Til gengæld har tiden efter den amerikansk lede-
de invasion af Irak vist, at regionen har demokra-
tiske potentialer.

Opbrudsfasen bliver formentligt en urolig tid, og
der er ingen garanti for, at den ender i fred og
demokrati. Der er imidlertid mange tegn på, at de
mellemøstlige regimer gennemlever en omstil-
lingsproces. Lederne er blevet nødt til at indlede
demokratiske initiativer, og i befolkningerne vej-
rer mange grupper morgenluft og efterspørger
flere initiativer. Samtidig er USA og det internati-
onale samfund for alvor blevet interesserede i
processen og lægger løbende pres på staterne for,
at de skal udvikle sig i demokratisk retning.

Det er en stor udfordring, der venter. Ikke bare
for Mellemøsten, men også for det internationale
samfund. En hel region er i opbrud, og det foregår
på baggrund af mange og dybe problemer. En
international indsats er afgørende for om proces-
sen får et vellykket forløb og Danmark er et af de
lande, der har engageret sig.

Demokratiseringstiltag

I foråret 2005 lod den egyptiske præsident - Hosni Mubarak - pludseligt høre, at han ville tillade modkandidater til det kommende præsidentvalg, og det egyptiske parlament ophøjede præsidentens ord til lov. Mubarak overtog embedet efter mordet på sin forgænger - Anwar Sadat - i 1981, og det er første gang i sine 24 år ved magten, at han har accepteret opstilling af modkandidater. Mubaraks initiativ bør dog ses i sammenhæng med den repressive linje, som de egyptiske myndigheder havde lagt over for potentielle modkandidater. Således blev den egyptiske politiker Ayman al-Noor for nylig fængslet i en periode. Mubaraks initiativ kan derfor ikke ses som en utvetydig demokratisering, men som tegn på at omverdenens krav om politiske reformer i Egypten synes at have gjort indtryk på landets politiske elite. Samtidig ændrer dette ikke ved, at når idéen om valg med flere kandidater først er blevet udbredt, vil den være svær at trække tilbage.

Også Saudi-Arabien har eksperimenteret med nogle spæde forsøg på politisk åbning. I begyndelsen af 2005 blev der holdt lokalvalg. Det var dog kun *nogle* mænd og *ingen* kvinder, som havde valgret til rådene, og rådene blev heller ikke blev stillet direkte indflydelse i udsigt. De indhøstede erfaringer fra lokalvalgene må således siges at være begrænsede til indretning af valglokaler. Mere positivt kan valget fortolkes som Sauddynastiets erkendelse af, at det er nødvendigt at lytte til omverdenens krav om demokratisering.

Andre demokratiske tiltag har været mere substantielle. I de palæstinensiske selvstyreområder blev der gennemført lokalvalg i januar 2005. Gennemførelsen blev rost af de internationale observatører.

I Libanons gav det politiske klima i foråret 2005 anledning til storstilede demonstrationer både for og imod den syriske hærs tilstedeværelse i den lille republik. Demonstrationerne førte til en regeringskrise, og Syrien trak sine styrker ud af landet i slutningen af april 2005. To måneder senere åbnede et frit valg til det libanesiske parlament et nyt kapitel i det libanesiske politiske systems historie.

I Irak satte vælgerne livet på spil for at deltage i parlamentsvalgene i slutningen af januar. Der var frygt for selvmordsbomber mod køerne ved valglokalerne, men alligevel trodsede mange irakiske borgere denne frygt og begav sig af sted.

Andre eksempler på en bevægelse i retning mod en mere dynamisk mellemøstlig region er opblødningen i den kontroversielle familielovgivning i Marokko, forøget engagement blandt politiske aktivister i Syrien, og slogan-bærende æsler i gadebilledet i Oman.

Demokratisering af Mellemøsten – barrierer og potentialer

Det er klart, at de mellemøstlige samfund er meget forskellige, men de har også en række fællestræk. En stor barriere for en demokratisering af Mellemøsten er, at der findes store og magtfulde grupper i landene, som *ikke ønsker demokratisering*. Demokratisering kan tilendebringe deres politiske og økonomiske privilegier, og mange af dem vil også frygte at blive stillet til regnskab for deres hidtidige magtudøvelse. Det er indlysende, at nogle religiøse miljøer absolut ikke ser frem til frigørelse af kvinder, ligestilling eller demokrati til afløsning af deres egne religiøst baserede magtpositioner. Mere komplicerede situationer relaterer sig til demokrati i et 'tomrum'. Kvindedemonstrationer i Marokko er et eksempel på dette fænomen, hvor kvinder protesterer mod ligestilling i familiemæssige sammenhænge. Forståeligt nok forekommer udsigten til at miste kravet på mandens deltagelse i forsørgelsen af familien næppe særligt attraktivt.

I Irak har vi set omfattende vold efter Bâ'ath-styrets sammenbrud, og det er ikke vanskeligt at identificere de grupper, som gør modstand mod indførelse af demokrati. Den gamle sunni-muslimske herskende elite fra Bâ'ath-partiet, radikale islamistiske shiitter, gemene kriminelle og forråede samt omrejsende terrorister har ingen aktier i et vellykket irakisk demokrati. Derfor brugte de det politiske kaos umiddelbart efter Saddam Husseins fald til at væbne sig. Disse grupper har intet at vinde ved den aktuelle udvikling mod demokrati og satser derfor alt på at undergrave processen.

Også *etniske opgør og klanrivalisering* spiller ind i demokratiseringsprocessen i de mellemøstlige lande. I mange moderne samfund har den slags konflikter mistet betydning i takt med den politiske udvikling. Samfundenes konflikter udspiller sig i mellem forskellige partier og også sociale bevægelser spiller en rolle. Rammerne om konflikter er for eksempel parlamenter og medier. I traditionelle samfund, som er udbredte i Mellemøsten, mangler disse moderne rammer, og derfor har politisk magtkamp ofte at gøre med hvordan folk er i familie med hinanden, hvor de kommer fra, hvilke vaner de ønsker at bevare, og hvilke religioner de tilslutter sig

Irak efter Saddam-styrets fald har vist, hvordan de traditionelle forhold spiller ind. I Irak har sunnierne i midten af landet deres fortolkning af islam. I syd har mange shiiter en helt anden fortolkning, som de prøver at præge det nye Irak med, men også internt blandt shiiterne, kæmper man om hvilken fortolkning af trosretningen, der skal være fremherskende. Parlamentsvalgene har vist, at disse gamle opdelinger stadig spiller en rolle for hvilke partier, der stemmes på. Den slags opdelinger virker forsinkende på udviklingen af velfungerende demokratier. De traditionelle opdelinger spiller tilmed sammen med kampen for andre politiske projekter. I Irak har det især været løsrivelsesbestræbelser blandt kurderne i nord, der har været en udfordring. Bâ'ath-styret og Saddam Husseins diktatur var uden sammenligning det værste diktatur i det gamle Mellemøsten og Irak tilmed et kompliceret og sammensat land. Landet udgør derfor en prøvesag: hvis det kan lykkes at få demokrati i Irak, kan det lykkes andre steder.

Desuden står Mellemøsten med en *politisk arv* fra den autoritære periode, der også kan blive svær at tackle. Det drejer sig om den type islamistiske bevægelser, der er både voldelige og udemokratiske.

På den ene side har det amerikanske engagement sat skub i demokratiske krav fra deres egne befolkninger, samtidig med at også USA og det internationale samfund kræver reformer. På den anden side har fundamentalistisk-islamiske oppositioner fået vind i sejlene. Disse oppositioner er tilmed de bedst organiserede, da mulige konkurrerende strømninger blev holdt nede i den autoritære fase. Islamisterne var organiseret på en sådan måde, at de var sværere at angribe fra regimerne. De baserede sig nemlig på 'moskemiljøer' og klan- og familiemønstre. Derved var de så at sige beskyttet af samfundenes traditionelle opbygning. De var bedre i stand til at modstå regimernes kritik end mere moderne organisationer, som for eksempel partier og fagforeninger, der netop bryder med disse mønstre.[10] Et stort problem er, at hvis de islamiske bevægelser vinder et valg, vil de kunne afskaffe demokratiet. Den strategiske udfordring består derfor i at sikre, at demokratiet ikke kan afskaffes. Undervejs vil man skulle træffe konkrete valg i forhold til hvilke af disse bevægelser (evt. hvilke dele af bevægelserne), der vil kunne indgå i det politiske liv. På længere sigt vil det også være nødvendigt at forholde sig til, hvordan de formelle demokratiske institutioner kommer til at virke i praksis og bliver dele af et *reelt* demokrati. Det er relativt let at skabe valgret, valginstitutioner og parlamenter. Det er relativt svært at ændre forhold i det civile samfund i retning af accept af liberale og demokratiske rettigheder (den autoritære periode har skabt en afstand mellem borgere og myndigheder, og

---

[10] Den amerikanske forsker Lisa Anderson har ud fra sine studier konkluderet, at arabiske samfund har 'de islamister, de fortjener'. Hendes pointe er, at de islamiske organisationer favner meget bredt, og de stater, der har slået hårdt ned på revl og krat, har fået sig nogle meget yderliggående organisationer. Omvendt har de stater, der har været villige til at lade organisationerne indgå i det politiske liv, udviklet mindre radikale organisationer. Et eksempel på dette er Jordan.

den har skabt frygt for deltagelse i politiske processer) Påtrængende spørgsmål er f.eks., hvordan kvinder i traditionelle miljøer får praktiske muligheder såvel som social accept i forhold til at indgå i den demokratiske proces.

En yderligere barrierer for en demokratisering af Mellemøsten er, at mange af landene har haft en *negativ økonomisk udvikling* siden koldkrigsafslutningen, hvilket har skabt sociale problemer og utilfredshed. De mellemøstlige regeringer har også i stor omfang brugt deres oliepenge på at købe social ro. Der har været tale om at skabe økonomisk tilslutning, men til gengæld har der ikke været politiske rettigheder og frihed.

Til gengæld er der også en række potentialer i regionen, som der kan bygges på. Der er mange grupper i Mellemøsten, som *ønsker forandring*. En stort anlagt undersøgelse viste i 2003, at de mellemøstlige befolkninger generelt ønsker demokrati (Norris and Inglehart 2003). Undersøgelsen var vigtig, fordi man ved meget lidt om, hvad befolkningerne i regionen faktisk mener. Den lange periode med autoritære regimer har betydet, at mange værger sig mod at udtale sig, mens andre udtrykker det modsatte af, hvad de mener. Hertil kommer, at udenrigspolitik har domineret den offentlige dagsorden, fordi indenrigspolitiske spørgsmål ikke på samme måde har kunnet diskuteres i aviser og andre medier. Derfor er det svært at vurdere dybden i demokratiseringsønskerne. Ønsket om demokrati skal endvidere vejes mod en række af de øvrige udfordringer i regionen. Særligt skræmmende er forestillingen om at større politisk indflydelse til borgerne vil ske på bekostning af den enkelte borgers personlige sikkerhed, som tilfældet har været i overgangsfaser.

Et af Mellemøstens øvrige potentialer er den *økonomiske ressourcer*, der kan danne baggrund for udviklingen af robuste samfund omkring demokratiseringen, hvis de økonomiske ressourcer vel at mærke bliver udnyttet til dette. Dette gælder både realiseringen af halvdelen af arbejdsstyrken, hvis kvinderne kommer ind på det formelle arbejdsmarked og olieressourcerne, der kan udnyttes på helt andre måder. En forandring af samfundsøkonomierne i produktiv retning er ligeledes et stort potentiale.

Derudover er regionen kommet *på den internationale dagsorden*. Det betyder, at der er opmærksomhed, pres og bistand i forhold til den spirende demokratisering og det kan de mellemøstlige lande udnytte. Disse forhold er svære at veje mod hinanden, men i lyset af at de mellemøstlige stater oplevede svækkelser i 1990'erne ved en tilbagegang på næsten alle økonomiske målestokke, og generelt set er svage stater, må det antages, at det har en væsentlig betydning, at regionen er kommet på den internationale dagsorden. De forandringer, som de mellemøstlige samfund undergår i dag, får omfattende konsekvenser. Den baggrund, de finder sted på, rummer både barrierer og potentialer i forhold til demokratiseringen.

Stærke arabiske ledere

De fleste arabiske samfund i dag er præget af, at der i begyndelsen af 1970'erne kom en række stærke ledere til. De kom til efter et par årtier med kup og voldsomme magtkampe. Generationen af stærke ledere konsoliderede deres magt på basis af efterhånden etablerede sociale grupper, undertrykkelse og militære midler og nogle desuden ved hjælp af oliepenge. Fra denne generation er palæstinensernes Yassir Arafat, kong Hussein af Jordan, kong Hassan af Marokko, præsident Hafez al Assad i Syrien og Abu Dhabis sheik Zayid bin Sultan al Nayan døde inden for de seneste år, og Saddam Hussein er blevet væltet. Kong Fahd af Saudi-Arabien er reelt ude af billedet, og Omans sultan Quaboos er begyndt at forberede sin afløsning (Katz 2004).

I de tilfælde, hvor lederne gik bort, før Saddam-styret faldt, blev de typisk afløst af sønner (Kong Abdullah af Jordan, Kong Mohammed af Marokko og præsident Bashir al Assad i Syrien). Jordan og Marokko var på mange områder *relativt* frie stater i regionen, men i Syrien skete der ikke de store forandringer. Dog forsøgte Bashir al Assad sig med nogle reforminitiativer, da han kom til magten i 2000: Syrien oplevede en periode med en relativ høj grad af ytringsfrihed og dannelsen af politiske fora og sociale bevægelser. Men denne periode – kaldet det syriske forår – endte brat i starten af 2002, hvor regeringen lukkede de fleste politiske fora og arresterede mange aktivister. I Irak og De Palæstinensiske Selvstyreområder er der sket betydelig mere markante demokratiseringstiltag – om end begge områder er overlejret af konflikt.

Det amerikanske engagement fra Irak-krigen og indtil videre har betydet, at nye regenter ikke længere blot kan vælge at fortsætte den autoritære linje, som om intet var hændt. I hvert fald ikke, hvis de vil stå sig godt med USA. Desuden er staterne typisk så svækkede, at der ikke er noget alternativ til udvikling. Politisk og økonomisk status quo vil alligevel undergrave deres legitimitet og position, fordi den fremkalder omfattende utilfredshed i befolkningerne. I det hele taget har den amerikanske overmagt betydet, at det politiske råderum er blevet ændret i Mellemøsten. Dette er især sket efter den 11. september 2001, hvor USA blev mere aktiv i regionen. Der er ikke længere en sovjetisk supermagt, som de mellemøstlige kan alliere sig med i stedet, og de amerikanske idéer for udvikling (demokrati og verdensmarked) har opbakning i de fleste af verdens betydende magter. Betingelserne for demokratisering i Mellemøsten synes derfor bedre, end de hidtil har været, men der er fortsat store barrierer.

Kan demokrati indføres udefra?

I den offentlige debat er påstande om at "man kan ikke indføre demokrati udefra" eller "man kan ikke indføre demokrati med bomber og krig" gængse. Men de har den historiske erfaring og det empiriske datagrundlag imod sig. Det kan således med rette hævdes, at krigsførelse og demokratisering er tæt forbundne fænomener, og at demokrati i adskillige tilfælde med held er blevet indført ude fra. Skabelsen af Forbundsrepublikken Tyskland og Japan efter krigsafslutningen i 1945 må i denne sammenhæng nævnes som de bedste eksempler. Den parlamentariske tradition i Tyskland blev afbrudt med Det Tredje Riges nazistiske diktatur, og Japan havde ingen demokratiske traditioner overhovedet. Ikke desto mindre lykkedes det de allierede med USA i spidsen at forvandle det vestlige Tyskland til en demokratisk republik og at indføre et bæredygtigt demokrati i Japan. Eksemplerne viser netop, at demokrati kan udvikles i kølvandet på militære nederlag.

Det er klart, at der i øvrigt er store forskelle på Forbundsrepublikken Tyskland og Japan efter Anden Verdenskrig og de mellemøstlige stater i dag. Men der er også vigtige ligheder: Den regionale tilstedeværelse af amerikanske styrker og det udefrakommende pres for demokrati. De amerikanske styrker spillede rollen som 'suveræn' i Tyskland og Japan. Det vil sige en magtfaktor, man frygter mere end man frygter sin nabo. Derfor lader man i princippet sin nabo være, når der er et problem og henvender sig i stedet til suverænen, og demokratiseringen kunne udfolde sig. I Irak har amerikanske styrker også forsøgt at fungere som suveræn.

Irak-krigen i 2003

Den seneste Irak-krig bragte Saddam Hussein-styret til fald, gav forhåbninger til mange mellemøstlige befolkningsgrupper og stoppede en regional nedtur. Irak-krigen havde imidlertid også en skyggeside: Omfattende vold fulgte i Irak efter styrets fald, og selve beslutningen om krigen gav anledning til dybe politiske uenigheder. USA, Storbritannien, Spanien, Italien, Danmark, Polen og en række ex-sovjetiske republikker støttede USA i at gribe ind i Irak, mens Tyskland, Frankrig og flere arabiske lande talte stærkt imod. USA synspunkt – at Iraks overtrædelser af hidtidige resolutioner var stærke nok til en militær aktion – kunne ikke skabe tilslutning i FN's Sikkerhedsråd. Samtidig var landene i både NATO og EU splittede på spørgsmålet.

Efter krigen trak en række af koalitionslandene sig hjem fra Irak. Manglende opbakning og valgnederlag i hjemlandene, den farlige situation i Irak samt terrorfrygten var de primære årsager. Den vigtigste faktor bag uenighederne var formentlig USA's meget håndfaste politik. Uanset grunden til at gribe ind i Irak var der i mange lande bekymring over, den måde USA agerede. En meget stærk supermagt, der tog beslutninger hen over hovedet på sine allierede, virkede ikke som en attraktiv partner for mange europæere.

For de lande, der valgte at indgå i koalitionen under Irak-krigen, var der også forskellige grunde til beslutningen. Der var bekymringen over mulige irakiske masseødelæggelsesvåben, Saddam Hussein-styrets underminering af FN's autoritet gennem sin vedholdende ikke-samarbejdende politik, indignation over styrets karakter, samt frygten for hvad der ville ske med Mellemøsten i løbet af de kommende år, hvis ikke der skete noget nyt. Hertil kom alliancepolitiske hensyn i forhold til at stå sig godt med USA.

Danmark var blandt de lande, der valgte at deltage i koalitionen. Det var en vidtgående beslutning, da der var tale om en angrebskrig, og Danmark ikke selv stod over for en direkte trussel fra Irak.

Den officielle danske begrundelse var Saddam-Iraks vedholdende overtrædelse af FN-resolutionerne om våbeninspektion. På dette grundlag besluttede et flertal i Folketinget at deltage i krigen.

Den danske indsats fortsatte efter krigens afslutning. Den ustabile situation med megen vold i Irak var baggrund for, at Folketinget besluttede at fortsatte den danske tilstedeværelse som led i den USA-ledede koalition. Siden magtoverdragelsen til den foreløbige nye irakiske regering i forsommeren 2004, har de internationale styrker opereret på basis af et FN-mandat og invitation fra den irakiske regering. De danske styrker har været udstationeret i det sydlige Irak i området omkring Basra. Det har været et af de relativt rolige områder i landet. Oprøret mod den nye situation og de internationale koalitionsstyrker har især fundet sted i det centrale Irak omkring Bagdad og i den såkaldte sunni-trekant, hvor det gamle styre rekrutterede sine støtter.

Der har været flere markante problemer i forbindelse med stabiliseringen af Irak efter Sadamstyrets fald. For det første blev der tilsyneladende sendt for få internationale styrker til stabiliseringsopgaven. For det andet blev koalitionen så smal, at den af mange blev oplevet som en vestlig alliance mod et islamisk land. Koalitionens legitimitet ville have været større, hvis der havde været flere - herunder muslimske - lande med. Endelig blev den gamle irakiske hær opløst. På den ene side sendte opløsningen af den irakiske hær sendte mange våbenføre ud i arbejdsløshed og utilfredshed. På den anden side betød opløsningen, at der manglede irakiske styrker til at imødegå de følgende oprør og kriminalitet. En væsentlig international opgave har siden været at bistå med uddannelsen af nye irakiske sikkerhedsstyrker. Denne opgave er blevet vanskeliggjort ved, at fungerende sikkerhedsstyrker har været mål for bagholdsangreb og terror. Oprørsstrategien har haft til hensigt at skræmme irakere fra at melde sig til sikkerhedsstyrkerne og derved øge kaos i landet. Oprørerne har satset på, at kaos og utryghed ville få de øvrige irakere til at ønske koalitionsstyrkerne ud af landet og bane vej for en magtovertagelse.

Stabiliseringsopgaven er afgørende i forhold til både Iraks fremtid og for den regionale udvikling. Et demokratisk og stabiliseret Irak vil kunne udgøre en model, som andre mellemøstlige stater under demokratisering vil kunne samarbejde med. Om kaos eller stabilitet kommer til at råde i Irak vil også være afgørende for accepten af den amerikanske tilstedeværelse i Mellemøsten. I øjeblikket findes der i de arabiske befolkninger forskellige holdninger til USA. For nogle står USA som et sted, man drømmer om og ønsker at rejse til. For andre er USA roden til alt ondt og centrum for utilfredsheden.

Strategiske valg

Indtil Irak-krigen i 2003 var der uenighed i både analytiske og politiske kredse om især to spørgsmål. Det ene var, om der skulle gøres noget for at ændre udviklingen i Mellemøsten, eller om det ville være så omkostningsfuldt, at man hellere skulle lade være. Det andet spørgsmål handlede direkte om Irak i tiden op til krigen. Skulle man bruge alle midler - herunder militære - for at opnå et regimeskifte, eller skulle man lade tiden og FN's sanktioner arbejde. Da Irak blev angrebet i marts 2003, ændrede debatten sig selvsagt. Spørgsmålet om, hvilke midler, der skulle bruges, var blevet afklaret foreløbigt – hvad enten man var enig eller ej. Det første spørgsmål, der vedrørte Mellemøstens udvikling, var også blevet - i hvert fald delvist - afklaret. Der var blevet foretaget et så stort indgreb i regionen, at der var mulighed - om end ikke garanti - for en udvikling i retning af demokrati.

De store fremtidige spørgsmål drejer sig om regionens fremtid i lyset af udviklingsmulighederne. Hvis en demokratisering er målet, kan spørgsmålene til processen sammenfattes i tre punkter: Hastighed, omfang og karakter. *Hastigheden* vedrører det tempo, man ønsker, at demokratiseringsprocessen skal finde sted i. Der er fordele ved en hurtig proces, da problemerne i regionen har tårnet sig op: Der er et momentum som følge af Irak-krigen og lederskifterne, og mange befolkningsgruppers forventninger til et bedre liv er høje og påtrængende. Omvendt er der også store ulemper forbundet med hurtige processer: Man risikerer blandt andet, at store grupper af borgere blive hægtet af. Det er i sig selv ikke ønskværdigt, og desuden risikerer man voldsomme modreaktioner. Erfaringerne fra Iran i slutningen af 1970'erne, hvor netop sådanne modreaktioner bragte præstestyret til magten, skræmmer stadig. En hurtig proces vil også fordre et omverdensengagement, der næppe er til stede. Hvis alle ressourcer blev prioriteret hertil, ville det også koste opmærksomhed i forhold til andre dele af verden.

EU har hidtil stået for en langsom proces, hvor man udviklede samarbejdsrelationer i det små og skabte dialog på en række områder. Man har frygtet voldsomme udviklinger i sit nærområde med flygtningestrømme og økonomiske krav til følge. USA har også stået for en sådan proces i kombination med meget store økonomiske bidrag til det oliefattige men folkerige Egypten. Da strategien ikke førte til de ønskede mål, gik USA mere bastant til værks i 2003. Det ser dermed ud til, at balancen i hastighedsregnestykket er ændret til en prioritering af et hurtigere tempo end tidligere om end ikke til ekspresfart.

Omfanget af demokratiseringsprocessen er også et spørgsmål, man skal tage stilling til. Skal man prioritere demokrati i dybden i et eller nogle få

144

lande, eller skal man støtte bestræbelser bredt i regionen? Den brede tilgang, som EU har stået for, har rummet især tre problemer. For det første at landene er forskellige, for det andet at de har indbyrdes politiske konflikter, og for det tredje at den er meget omkostningsfuld, hvis den skal være effektiv. Med Irak-krigen valgte USA at supplere den brede tilgang med et tiltag, hvor et land blev forandret i dybden. Foreløbig ser det ud til, at den dybe forandring har ført til både reforminitiativer fra oven og demokratiseringskrav fra neden i en række af de øvrige lande. Selv om man ikke kan tale om en domino-effekt, kan man i hvert fald tale om en inspirations-effekt.

Spørgsmålet om *karakteren* af bestræbelserne er det vanskeligste spørgsmål, da det vedrører stort set alle områder af demokratiseringsprocessen. Vigtige aspekter er imidlertid, hvilke grupper man især skal støtte, og hvilke områder af samfundslivet det vil være mest effektfuldt at påvirke. Det mest indlysende sted at prioritere en indsats er de mellemøstlige civilsamfund. 'Civilsamfund' forstås typisk som den del af det organiserede samfundsliv, der ikke er stat eller marked. Det kan i stedet f.eks. være kvindeorganisationer, forlag og uafhængige kirkesamfund. Civilsamfundene er vokset i regionen i de senere år, og de kan spille en væsentlig rolle både i forhold til demokratisering og stabilisering. I forhold til demokratiseringen vil de både kunne være med til at gøre processen mere robust, og de vil i sig selv være en del af den. Tidligere har mange organisationer været forbudte i regionen, og man er kommet til at mangle sammenhængskraft mellem borgere og stat.

I forsøget på at bistå de mellemøstlige civilsamfund samler interessen sig ydermere specielt om kvinderne. De har hidtil været holdt ude af mange formelle og uformelle politiske miljøer. Der er ikke noget, der tyder på, at kvinder agerer anderledes end mænd i politiske sammenhænge, men en inddragelse vil fordoble civilsamfundenes styrke og udvikle den politiske kultur.

Hidtil har de arabiske civilsamfund været domineret af familier, klaner, religiøse miljøer og i nogen grad islamistiske organisationer. De har i et vist omfang været tilladt i modsætning til politiske partier, og mange har udviklet organisatoriske kompetencer. Her vil det være hensigtsmæssigt at indlede en dialog med de 'bløde' islamister, da disse spiller en væsentlig rolle i lokalsamfundene. Desuden vil man derved kunne udsondre de radikale islamister.

Danmark og Mellemøsten

'Mellemøsten' har traditionelt ikke været af speciel interesse for Danmark hverken strategisk, politisk eller økonomisk. Det nye danske engagement ligger i forlængelse af den aktivisme, der har kendetegnet dansk udenrigspolitik i tiden efter koldkrigsafslutningen. Interesseområdet er imidlertid nyt, og engagementet har været betydeligt siden den 11. september 2001.

Omdrejningspunktet i den aktuelle danske politik er *Det Arabiske Initiativ*. Initiativet har tre økonomiske og politiske prioriteringer, der søges gennemført i et multilateralt regi: At udvikle EU's strategi for regionen, at fremme regionale tiltag for samarbejde og sikkerhed og at styrke NATO's dialog med de mellemøstlige lande. Det ville være overmodigt at hævde, at et lille land som Danmark kan yde en særlig indsats. Til gengæld er demokratiseringsopgaven så stor og kompliceret, at selv Danmark næppe kan undværes. Der vil være brug for så mange lande, der bistår processen, som muligt. I denne proces kan Danmark bidrage med en indsats, der afspejler områder, som Danmark har erfaring med og traditionelt set anses for at have kompetencer i forhold til. Det kan være en indsats i forhold til at styrke de arabiske civilsamfund, til at udbrede dialog fra det statslige til det folkelige niveau og endelig til at bistå med omstilling af de arabiske hære, der må forventes at skulle spille en noget anden rolle i samfundene, end de hidtil har gjort.

Fremtidsperspektiver for Mellemøsten

Afslutningsvist kan man spørge, hvad der vil ske i Mellemøsten fremover. Der er kræfter og dynamikker, som peger på tre vidt forskellige udviklingsretninger: 1) Mellemøstlige stater med kaos og vold; 2) fortsatte autoritære styrer og fortsat stilstand eller 3) demokratisering ad den vanskelige vej. Formentlig vil vi se mere af det hele i de kommende ti år. Historisk set har omvæltninger ofte haft træk af alle de tre retninger.

I den aktuelle verdensorden er der imidlertid erfaringer, som kan give håb og positive forventninger. Erfaringerne fra 1990'ernes omvæltninger i de gamle østbloklande viste, at selv meget omfattende samfundsmæssige forandringer kan gennemføres med overraskende fredelige og beherskede midler. Sovjetunionens opløsning, Polens overgang til demokrati og Tjekkoslovakiets deling i to stater havde alle de klassiske potentialer til ekstremt voldelige konflikter, der kunne have påvirket deres omgivelser med negative effekter. I yderste konsekvens kunne følgevirkningerne have været lokale atomkrige i det sovjetiske tilfælde. Alligevel blev demokratiseringsbølgen i den del af verden en afslutning på århundredes autoritære styrer, efter at koldkrigsafslutningen havde løsnet de gamle magtforhold.

Med krigen i Irak og Saddam-styrets fald er gamle magtforhold også blevet løsnet i Mellemøsten. Her kan man også have forhåbninger til en demokratisk og positiv udvikling, for så vidt omverdenen lægger pres på den mellemøstlige region og fortsat engagerer sig i den vanskelige overgangsproces samt yder den fornødne støtte. Det er en vigtig forudsætning, at en stærk magt kan garantere et forpligtende samarbejde mellem de mellemøstlige stater. USA stod efter Anden Verdenskrig stærkt placeret i Vesteuropa, og det gav de vesteuropæiske stater chancen for at turde indlede den europæiske integrationsproces. En fortsat amerikansk tilstedeværelse i Mellemøsten vil, hvis den bliver anset for at være legitim, derfor kunne bidrage til, at der kommer et regionalt samarbejde i gang.

Litteratur

Hansen, Birthe: *Overmagt – USA og Europa I det 21. århundrede*. København: Gyldendal, 2003.

Huntington, Samuel: *The Clash of Civilizations and the Remaking of World Order*. New York: Simon & Schuster, 1996.

Jerichow, Anders: *Arabien – Palads eller parlament?* København: Akademisk, 2002.

Katz, Mark N.; 'Assessing the Political Stability of Oman', *Middle East Review of International*

Affairs, Vol. 8:3, September 2004.

Mozzafari, Mehdi: *Reshaping the Middle East: Why and How?* Aarhus: Aarhus University, Department of Political Science, 2004.

Norris, Pippa, and Ronald Inglehart: 'Public Opinion Among Muslims and the West'. In Pippa Norris, Montague Kern and Marion Just (eds.): *Framing Terrorism*. London: Routledge, 2003, pp. 203-228.

Henry, Clement N., and Robert Springborg (2001): *Globalization and the Politics of Development in the Middle East*. Cambridge: Cambridge University Press 2001.

Arab Human Development Report 200,24. United Nations Development Programme, 2003. *World Development Indicators 2000*. Word Bank, Washington D.C., 2000.